Schläft ein Lied in allen Dingen

Begegnungen mit Archäologie und
Bauforschung in Hessen

Text: Monika Vogt

Sparkassen-Kulturstiftung
Hessen-Thüringen

HESSEN
LANDESAMT FÜR
DENKMALPFLEGE HESSEN

Impressum

Herausgeber
Sparkassen-Kulturstiftung Hessen-Thüringen,
Frankfurt am Main
Landesamt für Denkmalpflege Hessen,
Wiesbaden

Redaktion
Bettina Riehl, Frankfurt am Main
Dr. Thomas Wurzel, Frankfurt am Main (verantwortlich)

Autorin
Dr. Monika Vogt, Wiesbaden

Gestaltung
Kirberg Design, Hünfelden

Gesamtherstellung
Frotscher Druck GmbH, Darmstadt

Vertrieb
Verlag Schnell & Steiner GmbH,
Leibnizstraße 13, 93055 Regensburg
www.schnell-und-steiner.de
ISBN: 978-3-7954-1990-5

Redaktionsschluss: 1. August 2008
Erscheinungsort: Frankfurt am Main
Schutzgebühr: 9,90 Euro

Bibliografische Informationen der Deutschen Bibliothek
Die Deutsche Bibliothek verzeichnet diese Publikation in der Deutschen Nationalbibliografie; detaillierte bibliografische Daten sind im Internet über http://dnb.ddb.de abrufbar.

Titelbild
Einhards-Basilika, Michelstadt-Steinbach

Foto Rückseite
Felsenmeer, Lautertal-Reichenbach

Inhalt

Grußwort

Archäologie und Bauforschung sind thematisch eng verwandt, denn viele Baudenkmäler werden Ruine, bevor sie nach einiger Zeit Bodendenkmäler und interessant für die Archäologie werden. Aber auch methodisch sind beide eng verwandt: Sie beschäftigen sich mit Spurensuche, nahezu kriminalistisch versuchen sie aus jeder Spur, die die Zeit übrig gelassen hat, Schlüsse zu ziehen und Vergangenes zu rekonstruieren. Beides ist spannend und reizt am jeweiligen Objekt nachzuvollziehen, was da aus der Vergangenheit zu erkennen ist. Das kann spannend sein wie ein Kriminalroman.

Neben solch virtueller Rekonstruktion geben Archäologie und Bauforschung aber auch bei Restaurierungsvorhaben handfeste Hinweise darauf, welches Ziel verfolgt werden kann, welche Methoden und Materialien verträglich und denkmalpflegerisch zulässig sind. Archäologie und Bauforschung sind damit ein wichtiges Instrument für die Denkmalpflege. Denn Denkmalpflege bedeutet in der Regel den Erhalt überlieferter historischer Substanz. Möglichst viel des bis heute original Erhaltenen soll auch für die Zukunft geschützt und vor Schäden bewahrt werden. Welcher Mörtel ist verträglich, wie sah das Gebäude ursprünglich aus, wie wurde es genutzt, was können wir noch über die Menschen erfahren, die dort gelebt und gearbeitet haben? Denkmalpflege versucht den gesamten Umfang dessen zu bewahren, was uns historisch überliefert ist. Auch künftige Generationen sollen noch Gebäude aus Romanik, Gotik, Renaissance, Barock oder dem 19. Jahrhundert sehen können. Auch sie sollen noch wissen, welche Spuren der Boden ursprünglich barg und welche Schlüsse daraus über die Vergangenheit gezogen werden können. Diese Gründlichkeit ist manchmal sehr aufwändig und manchmal sogar lästig. Das gilt besonders dann, wenn eine Finanzierung dafür sicherzustellen ist oder Archäologie und Baudenkmalpflege eine Gestaltung nicht zulassen, die Beteiligte sich ursprünglich wünschten. Gleichwohl: Archäologie und Bauforschung sind eine Investition in die Zukunft. Denn immer wieder nutzen wir unsere materielle Vergangenheit, um uns unserer Gemeinsamkeiten zu versichern. Dieser Rückblick auf Geschichte wird anschaulich, wo sie uns in Denkmälern entgegentritt. Deshalb ist es so wichtig, Denkmäler mit den Erkenntnissen aus Archäologie und Bauforschung zu pflegen und zu erhalten. Wie tief dieses Bedürfnis nach authentischen Denkmälern verwurzelt ist, zeigen immer wieder Umfragen, nach denen zwei Drittel der Deutschen in Ost und West den Denkmalschutz für eine wichtige Angelegenheit halten. Diese statistischen Werte werden auch durch die Besucherzahlen am „Tag des offenen Denkmals“ gestützt.

In Archäologie und Bauforschung ist es in hohem Maße wichtig, dass nicht nur geforscht wird, sondern die Ergebnisse auch für die Nachwelt erhalten werden. Gerade eine Reihe wie die, in der auch dieses Buch von der Sparkassen-Kulturstiftung Hessen-Thüringen herausgegeben wird, eine Reihe, die regelmäßig zum „Tag des offenen Denkmals" in jedem Jahr ergänzt wird, ist gut geeignet, allen Interessierten Fragestellungen aus der Denkmalpflege, der Archäologie und der Bauforschung näher zu bringen. Ich freue mich, dass auch dieses Jahr wieder ein Band der Reihe „Begegnungen mit..." erscheint und darauf aufmerksam macht, wie prägend und wichtig Kulturdenkmäler für unser Lebensumfeld sind, welche interessanten Fragestellungen sie aufwerfen und welche Möglichkeiten es gibt, diese Fragen aus den Denkmälern heraus selbst zu beantworten.

Für die Lektüre dieser kleinen Anschauung zu Archäologie und Bauforschung wünsche ich Ihnen viel Freude, ebenso wie für den auch in diesem Jahr am zweiten Wochenende im September anstehenden „Tag des offenen Denkmals".

Silke Lautenschläger
Staatsministerin
Hessisches Ministerium für Wissenschaft und Kunst

Einleitung

Wie in jedem Jahr so geben wir auch heute gemeinsam einen Begleitband zum Tag des offenen Denkmals heraus, der sich wieder dem Hauptthema dieses Tages widmet. Es geht diesmal nicht um einzelne Denkmalgattungen, auch werden keine historischen Stätten in den Vordergrund gestellt, die sich mit Personen oder Ereignissen in Hessen verbinden lassen. Vielmehr beschäftigt sich dieser Band mit Methoden der denkmalpflegerischen Erforschung unserer Gegenstände.

Das mag akademisch trocken klingen, führt aber sehr schnell zu einer geradezu kriminalistischen Spurensuche, die für alle gleichermaßen spannend ist. Verborgenes wird aufgedeckt, Vergessenes wieder hervorgeholt und sichtbar gemacht. Von den Spuren der Saurier und dem Weltnaturerbe Grube Messel als einem der bedeutendsten paläontologischen Fundplätze erzählt dieser Band ebenso wie von dem in der NS-Zeit überstrichenen Wandgemälde im Casino des IG Farben-Hauses, der heutigen Johann Wolfgang von Goethe-Universität in Frankfurt, dessen Freilegung das Werk eines bedeutenden Schülers von Max Beckmann hervorholte.

Es wird berichtet, mit welchen Mitteln es überhaupt gelingt, solche Spuren zu entdecken. Der große Überblick mit dem Flugzeug ist dabei für die Archäologie im Rahmen der Luftbildprospektion ebenso wichtig wie die mikroskopische Nahsicht auf die Reste keltischer oder römischer Mahlzeiten, die uns einen Aufschluss über den Ackerbau und die Ernährung unserer Vorfahren ermöglichen. Dabei stehen für die Archäologie nicht unbedingt die Funde im Mittelpunkt des Interesses. Gleich bedeutend, wenn nicht sogar aufschlussreicher, sind die im Erdboden zu findenden Spuren der Besiedlung oder der Lebensweise. Die Bedeutung des jetzt als keltischer Kalender gedeuteten Bauwerks am Glauberg war nur durch das Zusammentragen aller Informationen zu erschließen, und dennoch bleiben immer noch Fragen offen.

Im Bereich der Mittelalterarchäologie kommen wir an die Schnittstelle zwischen archäologischer Methodik und der Bauforschung. Die Deutung des Brandschuttes aus dem Dreißigjährigen Krieg, der an der Wasserburg in Wanfried-Aue angetroffen wurde, beschäftigt beide Disziplinen. Auch die Ausgrabung der ehemaligen Klosterkirche in Helmarshausen, deren Grundriss wieder sichtbar gemacht werden konnte, ist eine beide Bereiche umfassende Aufgabe.

Wie wichtig die Betrachtung eines Baudenkmals als Geschichtsquelle ist, wird darin erkennbar, dass sie die charakteristische Gestalt eines Gebäudes erklärt und dessen Entwicklung so detailliert wie möglich beschreibt. Eine als unscheinbar erscheinende Wand kann eine völlig neue Bedeutung gewinnen, wenn sich die Konstruktion als wesentlich älter herausstellt als ursprünglich angenommen: Oft finden sich unter dem Außenputz eines sich Barock gebenden Gebäudes romanische Fenstergewände; im Kloster Eberbach steckt der vermisste Treppenaufgang in das Dachgeschoss bei genauem Hinsehen in der breiten Außenwand des Alten Hospitals.

Erst die genaue Kenntnis der Denkmäler eröffnet die Möglichkeit darüber zu entscheiden, welche Zeitschichten erhaltenswert sind und welche Gebäudeteile entfernt werden können, weil sie für die Denkmalwelt nicht aussagekräftig sind. Die Bauforschung gibt damit Denkmaleigentümern und Denkmalpflegern Entscheidungshilfen an die Hand für den Umgang mit den Gebäuden. Zugleich lässt erst dieses genaue Hinsehen deren ganze Individualität und deren „Lebenslauf" erkennen.

Die Vielfalt der Entdeckungen von Archäologie und Bauforschung stellt uns das bewährte Team von Dr. Monika Vogt als Autorin und Christine Krienke als Fotografin lebendig vor Augen. Beiden verdanken wir zahlreiche Anregungen, denen Sie jetzt in Hessen nachgehen können.

Prof. Dr. Gerd Weiß
Präsident des Landesamts für Denkmalpflege Hessen

Dr. Thomas Wurzel
Geschäftsführer der Sparkassen-Kulturstiftung Hessen-Thüringen

Schläft ein Lied in allen Dingen

Begegnungen mit Archäologie und Bauforschung in Hessen

Schläft ein Lied in allen Dingen,
die da träumen fort und fort,
und die Welt hebt an zu singen,
triffst du nur das Zauberwort.
Joseph von Eichendorff

In der Geschichte zu stöbern und ihr Geheimnisse vergangener Zeiten zu entlocken, ist und bleibt eine faszinierende Beschäftigung. Und manchmal kommt es dabei tatsächlich darauf an, das in den träumenden Dingen schlafende „Lied“ zum Klingen zu bringen – wie der Dichter Joseph von Eichendorff so treffend beschreibt. Wenn das gelingt, werden Altertümer plötzlich wieder lebendig und fangen an zu erzählen: von prunkvollen, heiteren, schmerzhaften oder schweren Tagen. Geschichten, in denen etwas von der Vielfalt und der Kraft menschlicher Erfahrungen deutlich wird.

Dieses Buch will Sie mitnehmen zu Stätten in Hessen, die viel zu erzählen haben; weil Archäologen und Bauforscher seit langem leidenschaftlich darum ringen, das dazu passende „Zauberwort“ zu finden; Orte, die wie Fenster in die Vergangenheit sind. Wenn Sie „hindurchschauen“, sehen Sie oftmals bis zu den faszinierenden Ursprüngen unserer Kultur und unseres Denkens: bewegende Einblicke, deren „Zauber“ wir Ihnen nahe bringen möchten.

Dass sich derartige Ausflüge gerade in Hessen lohnen, ist übrigens keine neue Erkenntnis, wie der folgende Text aus dem Jahr 1819 belegt: *„Zum Heile für die Sittenkunde des hohen Altertums entschlossen sich Seine hochfürstliche Durchlaucht zu Solms-Braunfels das Begonnene fortzusetzen. Wahrhafter Verehrer jeden Zweigs der Geschichte, aufrichtiger Beförderer jeder Bemühung um deren Cultur, leitete der Fürst die Arbeit selbsten, wählte im Graben geübte Leute, lohnte sie fürstlich, und sah so in sehr kurzem Zeitraum eine Sammlung entstehen, welche wohl unter die vollständigsten ihrer Art gehört.“* Die Rede ist hier von der „Fürstlichen Althertümersammlung“ von Braunfels und „das Begonnene“ meint die Öffnung eines Grabhügels und das Sammeln der dabei gefundenen Grabbeigaben.

Die Leidenschaft für die Altertumsforschung war aber nicht nur in den herrschaftlichen Häusern weit verbreitet: Durch den Humanismus inspiriert, wandte sich das Interesse vieler Gebildeter schon in der ersten Hälfte des 16. Jahrhundert nicht nur den antiken, sondern auch und gerade den heimischen Denkmälern zu. Als Beispiel könnte etwa der Wetterauer Humanist Erasmus Alberus genannt werden, der bereits um 1550 die Ringwälle auf dem Altkönig erkundete und meinte, dass dort „der Teutsche König" gesessen habe, der von Kaiser Trojan vertrieben worden sei. Alberus beschreibt auch den dortigen Pfahlgraben und verfällt vor lauter Bewegtheit gar ins Reimen:

„Derselbig grab vergeht nun sehr,
dieweil man seiner acht nicht mehr".
(nach F.-R. Herrmann)

Allerdings: Obwohl in den darauf folgenden Jahrhunderten vielerorts eifrig Münz- und Inschriftensammlungen oder fürstliche Kunst- und Antikenkabinette angelegt wurden, weisen diese eher auf ein antiquarisches als auf ein historisches Interesse hin. Wir kennen solche Sammlungen unter anderem aus der landgräflichen Residenz in Kassel (1580), im 18. Jahrhundert aus der Grafschaft Erbach und dem Schloss in Darmstadt – und eben das erwähnte Kunstkabinett aus Braunfels. In jener Zeit verlegte sich der Forscherdrang nach und nach auf die Feld- oder Geländeforschung, wobei die Öffnung von Grabhügeln natürlich eine besondere Attraktion war.

Auch der staatliche Einsatz für vor- und frühgeschichtliche Denkmäler und Funde lässt sich schon seit weit mehr als 200 Jahren nachweisen; etwa in der Verordnung in Hessen-Kassel des Landgrafen Friedrich II. aus dem Jahr 1780 zur „Erhaltung der im Lande befindlichen Monumente und Altertümer" und wenig später in der „Landes-Ordnung, wie es mit denen im Lande befindlichen Denkmälern, Vorfinden der Münzen und sonstigen Altertümern, auch Einschmelzen der Medaillen gehalten werden solle". Aus gegebenem Anlass wurden in Kurhessen Grabungen nach Altertümern nun anzeigepflichtig, und es gab Erlasse gegen die „Schatzgräber" und das „planlose Durchwühlen des geschichtlichen Bodens". Freilich waren diese Verordnungen landesherrliche Eingriffe, die noch vor jeder gesetzlichen Regelung archäologischer Denkmalpflege lagen.

Wie nötig solche Regelungen sind, zeigt die Geschichte der berühmten Lorscher Torhalle, die heute zum Weltkulturerbe zählt. Als man 1797 bereits den Abbruch des Gebäudes beschlossen hatte, konnte Georg Moller, der Hofarchitekt des Großherzogs Ludwig I. von Hessen-Darmstadt, seinen Herren nicht nur zur Rettung des Bauwerks bewegen, sondern gleich auch zum Erlassen einer ersten Denkmalschutzverordnung. Diese verpflichtete das Ober-Baukolleg zur Aufstellung eines Verzeichnisses aller Überreste alter Baukunst, „welche in Hinsicht auf Geschichte oder Kunst verdienen erhalten zu werden".

Das 19. Jahrhundert war stimuliert von dem Gedankengut des Historismus, so dass gebildete Kreise in dieser Zeit an vielen Orten „Historische Vereine“ gründeten, die durch das Erforschen und Sammeln, Beschreiben und Bewahren historischer Stätten die Aufgabe des Denkmalschutzes übernahmen und so auch den Boden für die archäologische Denkmalpflege vorbereiteten. Wissenschaftliche Zeitschriften begleiteten dieses ernsthafte Engagement schon früh, Einzelpublikationen über Grabungskampagnen und Fundberichte erschienen und es wurden mit wissenschaftlichem Anspruch Inventare angelegt. Immer mehr fachwissenschaftlich konzipierte Museen wurden gegründet. Das Jahrhundert begann zwar mit der verklärenden Vergangenheitsbetrachtung der Romantik, führte aber über das von Evolution und Fortschritt geprägte Wissenschaftsverständnis seit den 1850er Jahren immer mehr zu einer identitätsstiftenden Bewertung archäologischer Quellen und Zeugnisse in der Epoche des Heranwachsens des deutschen Nationalstaates.

Das erste „Deutsche Denkmalschutzgesetz“, das auch die archäologische Denkmalpflege auf sichere Grundlagen stellte, entstand dann zu Beginn des 20. Jahrhunderts. Es wurde, wiederum sehr fortschrittlich, von Großherzog Ernst Ludwig von Hessen Darmstadt erlassen: „Gesetz den Denkmalschutz betreffend, vom 16. Juli 1902“. Die ersten hauptamtlich besetzten Dienststellen für die archäologische Denkmalpflege in Hessen, so der ehemalige Landesarchäologe Fritz-Rudolf Herrmann, waren das „Kurhessische Landesamt für Vor- und Frühgeschichte“ in Marburg (1937) und das „Landesamt für Bodenaltertümer“ in Wiesbaden (1938).

Nach dem Zweiten Weltkrieg bildeten sich in den fünfziger Jahren die gegenwärtigen Leitlinien der Bodendenkmalpflege heraus: Es wurden staatliche Schutzbestimmungen erlassen, die in Hessen 1974 dazu führten, dass die Archäologische Denkmalpflege in das neu gegründete Landesamt für Denkmalpflege Hessen fest integriert wurde.

Der „Verband der Archäologen der Bundesrepublik Deutschland“ äußert seine Leitgedanken heute folgendermaßen: *„Das Wissen um Ursprung und Entwicklung menschlicher Gemeinschaften gehört zu den Grundanliegen eines jeden Menschen und jeder Kulturnation.*

Denn dieses Wissen ist unverzichtbar auf der Suche nach der eigenen kulturellen Identität sowie Grundlage jeder gesellschaftlichen Wertordnung. Nur aus der Beschäftigung mit der Vergangenheit kann daher Gegenwart erklärt und Zukunft geplant werden."

Diese Maximen gelten für die historische Bauforschung in gleichem Sinn – und auch sie hat eine lange Tradition: Es geht um die Analyse eines Bauwerks als Quelle seiner Geschichte. Methodisch folgt das wissenschaftliche Studium der Bauwerke dabei der in der klassischen Archäologie entwickelten analytisch-dokumentarischen Systematik.

Das Interesse an der methodischen Erforschung historischer Architektur erwachte übrigens schon in der Renaissance: Die verehrten Bauwerke der Antike wurden erforscht, um die Geheimnisse ihrer Formen und Proportionen zu entschlüsseln und in neuen Gebäuden wieder erstehen zu lassen. Dieses Streben fand seinen Höhepunkt im Werk von Andrea Palladio. Sein Ruhm als Architekt beruhte vor allem auf seiner Arbeit als Historiker, Bauforscher und als Lehrer. Insbesondere auf seinen bald berühmten „I QUATTRO LIBRI DELL' ARCHITETTURA" – Vier Bücher zur Architektur, die 1570 erschienen. Schon 1554 veröffentlichte der begabte Forscher eine Auswertung verlässlicher Schriftquellen zu den Altertümern Roms. Und was von größter Bedeutung und mit enormer Nachwirkung verbunden ist: Palladio bemühte sich, das Werk des römischen Baumeisters Vitruvius in Erinnerung zu rufen: „VITRUVII: DE ARCHITECTURA LIBRI DECEM". Diese „Zehn Bücher über Architektur" wurden etwa in der zweiten Hälfte der dreißiger Jahre vor Christi Geburt in Rom publiziert und waren bei ihrem Erscheinen ein absolutes Novum, weil sie als erstes Werk das Gesamtgebiet der Architektur erfassen. Sie sind dem Kaiser Augustus gewidmet, damit dieser die Qualität der in seiner Zeit errichteten und noch geplanten Bauten recht beurteilen könne, sollten aber zugleich ein Lehr- und Nachschlagewerk sein. Vitruvs Wiederentdecker Palladio jedenfalls war ein begeisterter Bauforscher, denn er gab sich mit den famosen Schriftquellen nicht zufrieden, *„weil ich auch das Ganze sehen und mit meinen eigenen Händen minutiös messen will"*.

Bis in die Zeit des klassizistischen Baustils galt das vornehmliche Interesse der Bauforschung der Antike, doch dann wandte man sich im Zuge der nationalen Bewegungen des 18. und 19. Jahrhunderts mehr den eigenen Bautraditionen zu. Im aufkommenden Historismus ging der Impuls dabei erneut von den Architekten aus, die wie Palladio historische Muster für ihre zeitgenössischen Bauaufgaben suchten. Zwei außerordentlich einflussreiche Architekten und Bauhistoriker dieser Epochen waren Viollet-le-Duc mit

seinen Vorstellungen vom „organischen Weiterbauen" und John Ruskin, dessen Buch „The Seven Lamps of Architecture" (Die sieben Leuchter der Baukunst) 1849 erschien.

Einen schmerzhaften Einschnitt in die herkömmliche Bauforschung brachte der Eintritt in das Maschinenzeitalter mit sich. Die Industrialisierung des Baubetriebes machte auch vor der Architektur nicht Halt. Viele Sparten des traditionell gewachsenen Handwerks wurden überflüssig, weil Bau- und Werkstoffe nun industriell hergestellt, neue Techniken eingesetzt und andersartige Werkzeuge gehandhabt wurden. Friedrich Nietzsche schreibt in jenen Tagen kulturkritisch: *„Die Maschine, selber ein Erzeugnis höchster Denkkraft, setzt bei den Personen, die sie bedienen, fast nur die niederen, gedankenlosen Kräfte in Bewegung. Sie entfesselt dabei eine Unmasse Kraft überhaupt, die sonst schlafen läge, das ist wahr; aber sie gibt nicht den Antrieb zum Höhersteigen, zum Bessermachen, zum Künstlerwerden. Sie macht TÄTIG und EINFÖRMIG – das erzeugt aber auf die Dauer eine Gegenwirkung, eine verzweifelte Langeweile der Seele."*

Und der Dichter Theodor Fontane meinte, dass der Fortschritt seine Kinder schließlich als *„elektrisch beleuchtete Barbaren"* entlassen könne.

Das Selbstverständnis der Bauforschung in der staatlichen Denkmalpflege definiert sich heute folgendermaßen: *„Die Bauforschung versteht sich als Voraussetzung und unverzichtbares Instrumentarium für das Erkennen von Denkmälern, sowie ein wissenschaftlich fundiertes denkmalpflegerisches Handeln. Sowohl die Komplexität eines Kulturdenkmals, gewachsen aus einer Vielzahl sich überlagernder historischer Schichten und Nutzungen, wie auch die Schwierigkeit ein Gebäude als Quelle überhaupt lesen zu können, zwingen dazu, zunächst die materielle Beschaffenheit möglichst genau und systematisch zu erfassen. Wirtschaftliche und nachhaltige Baumaßnahmen, denkmalgerechte Umbauplanungen fußen stets auf einer qualifizierten Bauforschung. Dabei ist nicht mehr nur herausragende vorbildhafte Architektur Forschungsgegenstand, sondern auch einfachere Bauten von geschichtlicher und kultureller Bedeutung. Die Baufor-*

schung dient also nicht nur der Denkmalpflege, sondern ebenso dem Architekten wie dem Bauherrn.“ (Vereinigung der Landesdenkmalpfleger der Bundesrepublik Deutschland – Arbeitsgruppe „Historische Bauforschung“, 2004)

Was Archäologen und Bauforscher an Erkenntnissen zu Tage fördern, ist mehr als einen Besuch wert. Aus dem überreichen Arbeitsfeld dieser Experten stellen wir Ihnen in diesem Buch einige äußerst markante Objekte vor: zwei paläontologische Sensationen in Hessen und archäologische Fundstätten der Merowinger-, der Kelten- und der Römerzeit sowie des Mittelalters. Wir sprechen darüber hinaus von den archäologischen Querschnittsaufgaben, der Luftbildarchäologie und der Archäobotanik.

Im Rahmen der historischen Bauforschung führen wir Ihnen die weltberühmte Einhards-Basilika vor, eine Kaufmannshalle der Hochgotik, den gewaltigen Restaurierungsprozess der mittelalterlichen Glasfenster im Kloster Haina wie die köstlichen barocken Ausmalungen eines Badepavillons; denn Raumfassungen und Innengestaltungen, aber auch die Ausstattungsstücke eines Kulturdenkmals sind von absolut gleichem Quellen- und Zeugniswert. Schließlich präsentieren wir Ihnen einige Objekte der Industriearchitektur, die noch immer eindrucksvoll unsere bauliche Lebenswelt prägen.

Fotos: Christine Krienke

Wo die Römer auf Granit bissen

Ein antiker Steinbruch am Felsberg im Odenwald

Von den zahlreichen aufgelassenen Steinbrüchen, die aus dem Mittelalter oder aus noch früherer Zeit stammen, sind in Hessen nur solche als Bodendenkmäler erfasst, die besondere und eindeutige Arbeitsspuren und Werkstücke zeigen.

Am ältesten und sicher am bekanntesten ist in diesem Zusammenhang der schon im 4. Jahrhundert betriebene römische Granitsteinbruch am Felsberg im Odenwald bei Lautertal-Reichenbach (Kreis Bergstraße), in dem viele Steine des sogenannten Felsenmeeres Keilnuten und Keillöcher von begonnenen oder ausgeführten Spaltungen zeigen und verworfene Werkstücke liegen geblieben sind. Hier wurde von den Römern obertägiges Steinvorkommen verarbeitet: An den Werkplätzen liegen Reststücke mit Arbeitsspuren und an einer Stelle sogar eine als unbrauchbar verworfene große Steinsäule, die „Riesensäule". Sie war mit gleichartigen Säulen für die 328–337 nach Christus unter Kaiser Konstantin in Trier gebaute Basilika bestimmt, wurde aber wegen eines Defektes im Stein aufgegeben. (K. Sippel)

Den endgültigen Beweis, dass der Felsberg antiken Steinmetzen als Steinbruch diente, brachte ein Fundstück, das belegen konnte, dass definitiv Granit vom Felsberg beim Bau der Basilika Verwendung fand. Auch der bekannte Trierer Domstein ist der Rest einer

oben: „Riesensäule“
unten: „Pyramide“ mit Spaltung

monolithischen Säule, die der „Riesensäule“ gleicht. Die in unmittelbarer Nachbarschaft gelegenen Marmorbrüche im Hochstädter Tal bei Auerbach lieferten damals die zugehörigen Kapitelle.

Bereits im 18. Jahrhundert waren die zahlreichen Bearbeitungsspuren an den freiliegenden Blöcken auf römische Aktivitäten zurückgeführt worden. Das geheimnisvolle Einzelstück, die „Riesensäule“, wurde sogar schon im 15. Jahrhundert im Rahmen von Grenzstreitigkeiten zwischen Bensheim und Reichenbach genannt. 200 Jahre später berichtet Matthäus Merian von den auffälligen Steinen, denen der Volksmund Namen wie „Altarstein“, „Sarg“, „Riesenkiste“, „Koffer“, „Pyramide“ oder „Schiff“ gegeben hatte.

An den zahlreichen Halbfabrikaten, Abfällen und misslungenen Stücken lassen sich auch die Techniken der antiken Steinarbeiter gut ablesen. Da die Blöcke meist frei lagen, konnte das kräftezehrende Herauslösen aus dem Verband entfallen und nur an wenigen Stellen musste der Granit wie in einem Steinbruch erschlossen werden. Um die Steine in die gewünschte Form zu bringen, bedienten sich die Steinarbeiter zweier Techniken: dem Spalten und dem Sägen. Beim Spalten zeigte sich das Können und die Erfahrung der Handwerker besonders, denn sie mussten die von der Natur vorgegebenen Spaltrichtungen der Blöcke – „Gänge“ oder „Züge“ genannt – erkennen. Ganz besonders schwierig war dies

„Altarstein" mit Säge-schnitten und Keillöchern

am Felsberg durch das Freiliegen der Steine, da der in jedem Steinbruch gegebene „Hauptgang" hier von Stein zu Stein anders ausgerichtet ist. Eine gelungene Hauptgangsspaltung war aber der erste Schritt zur Herstellung einer „Riesensäule".

Steinarbeiter aller Epochen fürchteten die so genannten „Stiche": feine Risse und Sprünge von unregelmäßigem Verlauf, die den ganzen Stein durchziehen. Werden sie nicht beizeiten erkannt, können sie beim Bearbeiten leicht das Werkstück verderben. H. Göldner beschreibt differenziert, wie dies im oberen Drittel der „Riesensäule", aber auch am „Sarg" bedacht wurde; und wie das Abspitzen an der Oberfläche dazu diente, über den Klang möglichen Stichen vor dem Spaltvorgang auf die Spur zu kommen. Getrennt wurden die Blöcke übrigens mit eisernen Keilen, die mit gewaltigen Hämmern durch Auseinanderzwängen die Steine spalteten.

Das Wissen um die „Gänge" oder „Züge", das beim Spalten von elementarer Bedeutung ist, verliert beim Sägen sein Gewicht. So fanden sich an fünf Blöcken Spuren antiker Steinsägen. Diese verwendeten ein stumpfes Sägeblatt aus weichem Eisen, die Funktion der Zähne übernahm der reichlich beigegebene Quarzsand, und für die nötige Kühlung sorgte Wasser. Mit der für den Felsberg angenommenen Steinsäge konnten Schnitte bis etwa 90 cm Tiefe bewerkstelligt werden.

Der Transport der oft tonnenschweren Bauteile – die „Riesensäule" etwa wiegt rund 27,5 Tonnen – gelang den römischen Ingenieuren unverkennbar. Eine Tatsache, die uns noch heute in Atem hält. Als Transportfahrzeuge sind Wagen und Schlitten anzunehmen, wobei als weitere Hilfsmittel Walzen, schiefe Ebenen oder frisch gefälltes Holz in Gebrauch waren. Die Abfahrroute führte auf der Berghöhe nach Westen, wo über Auerbach-Fürstenlager der Rhein erreicht wurde. Waren die Steine erst einmal auf dem Wasser, war der Weitertransport entschieden einfacher.

Nach den Steinarbeiten durch die Römer geriet der Felsberg lange Zeit als Steinbruch in Vergessenheit. Erst Mitte des 19. Jahrhunderts lebte der Betrieb wieder auf und hielt bis in die sechziger Jahre des 20. Jahrhunderts an. Durch die „Umwandlung" des Felsbergs in ein Naturschutzgebiet (1972) wurden sowohl das Felsenmeer als auch die Zeugnisse römischer Steinmetzkunst als Natur- und Kulturdenkmäler gesichert. (H. Göldner u. W. Weyrauch)

Dem Gott des lichten Himmels

Die Jupitergigantensäule in Wiesbaden-Schierstein

Der römische Gott Jupiter trat nicht nur in Funktion des Lichtbringers, des Blitzgottes, des Gewitters- und Regengottes auf, sondern wurde als alles schauender Himmelsgott und Beschützer von Recht und Treue auch in feierlichen Schwüren angerufen. Der Schwur beim *„Iuppiter lapis“* (ursprünglich wohl ein Stein-Fetisch) galt als der heiligste und bindendste seiner Zeit. Meist befanden sich seine Kultstätten auf Hügeln und Bergen, im Besonderen das Heiligtum des besten und größten Jupiters, des *„Iuppiter optimus maximus“*, das auf dem Kapitol in Rom stand. Als politischer Schirmherr des römischen Staates wurde Jupiter zusammen mit Juno (deren Name eine weibliche Form von Jupiter ist) und Minerva in der gesamten römischen Welt verehrt.

Fotos: Christine Krienke

Als idealisierte Gestalt tritt Jupiter meist unbekleidet mit langem Haar und Vollbart auf. Er thront oder steht in Herrscherpose vor uns und ist als Ausdruck seiner Würde zumeist mit einem Langzepter versehen und zum Zeichen seiner Macht mit dem Blitzbündel bewappnet. Denn seine Waffe ist der Blitz. Zudem begleitet ihn ein Adler. *„Die antike Glaubensvorstellung, Iupiter sei der Garant der göttlichen Weltordnung, gründete sich auf die mythologische Sage, er habe im Kampfverband mit den übrigen Göttern und mit Unterstützung des sterblichen Herkules die Giganten besiegt. Die Giganten – der Erde verhaftete Mischwesen, bestehend aus menschlichen Körpern mit Schlangenbeinen, bewaffnet mit Felsbrocken, Baumstämmen und Keulen – hatten vergeblich versucht den Himmel zu stürmen. Die erfolgreiche Niederwerfung der Giganten war in der Antike das Symbol für den Sieg von Ordnung und Kultur über das Chaos und die ungebändigten Mächte der Finsternis."* (G. Seitz)

Das typische Monument der Jupiterverehrung waren die auch in den germanischen Provinzen verbreiteten Jupitersäulen. Eine Menge von Fundstellen beweisen noch heute, dass diese Gattung der Weihedenkmäler erstaunlich häufig aufgestellt wurde.

Gerade die Aufstellungsorte der Kultsäulen und die Inschriften auf diesen Weihedenkmälern geben oftmals klare Auskunft über die Stifter, über den Anlass der Errichtung und der Weihung – und über deren Datierung. Die Einzelstifter oder Personengruppen (wie Gemeinden, Familien oder Ehepaare) lösen zumeist ein Gelübde an den höchsten Staats- und Himmelsgott ein, indem sie auf eigenem Grund und Boden eine weithin sichtbare Jupitersäule errichten. Viele dieser Monumente wurden in den gewerblich genutzten „Vorstadtsiedlungen" der germanischen Provinzhauptstädte Köln und Mainz errichtet, wie etwa die große Mainzer Jupitersäule am Rheinhafen, oder die Säulen in Wiesbaden-Schierstein und in Frankfurt am Main-Heddernheim, dem Verwaltungsort der „Civitas Taunensium". Auf dem Gebiet der Römerstadt „Nida" sind allein 30 Jupitersäulen entdeckt

worden. Die Weihedenkmale finden wir aber auch nahe der römischen Einzelgehöfte, den „Villae rusticae". Die große Anzahl heiliger Säulen zeigt, wie prägend sie für das Stadt- und Landschaftsbild gewesen sein müssen.

In Hessen haben die Weihedenkmäler für Jupiter fast einen einheitlichen Aufbau: Auf einer Fundamentierung und einem stufenförmigen Unterbau steht ein Steinquader, der auf jeder Seite mit einer stehenden Götterfigur in Flachrelief verziert ist. Dieser so genannte „Viergötterstein" ist meist mit Juno, Minerva, Herkules und Merkur geschmückt. Darüber sitzt der Zwischensockel oder „Wochengötterstein", der seinen Namen der Abbildung der Planetengötter verdankt, die je einen Wochentag benennen: Sol für Sonntag, Saturn für Sonnabend, Luna für Montag, Mars für Dienstag, Merkur für Mittwoch, Jupiter für Donnerstag und Venus für Freitag. Erst jetzt erhebt sich über einem Gesims die eigentliche, mit Schuppenmustern versehene Säule, deren Kapitell durch ein plastisches Kultbild gekrönt wird: entweder durch den Blitze schleudernden Jupiter auf einem Pferd, der über einen am Boden liegenden Giganten hinwegsetzt, oder auch Jupiter stehend, thronend oder als wagenlenkender Triumphator. Für den Untergang dieser Säulenmonumente werden die in die römischen Provinzgebiete eindringenden Germanen verantwortlich gemacht, bisweilen wird aber auch fanatischen Christen die Zerstörung angelastet.

Sehr aufschlussreich sind die Fundumstände der Denkmalrelikte, die oft aus Verlochungen stammen, eingemauert oder sogar umgearbeitet wurden. Gerade die dekorativen Viergöttersteine wurden vielfach in Kirchen entdeckt. Es wird daher zu Recht vermutet, dass die Stifter oft selbst die Weihedenkmäler vergruben, um sie vor Schändungen oder auch vor profaner Weiterverwendung zu schützen.

Besonders interessant ist der Fund der Säule in Wiesbaden-Schierstein. Sie wurde im Oktober 1889 auf dem ehemaligen Gelände eines römischen Gutshofes in einem sieben Meter tiefen trichterförmigen Schacht aufgedeckt. Die Schachtöffnung war mit fünf aufeinander

Foto: Denkmalamt Frankfurt am Main

Hier ist die sehr verwitterte Inschrift zu sehen

geschichteten Quarzitblöcken gesichert, der Schacht selbst abwechselnd mit Erd- und Kalksteinschichten verfüllt. In fünf Metern Tiefe kam der Götterstein zutage, er war auf den Kopf gestellt und sorgsam mit Steinen und Schieferplatten in der Grube befestigt, so dass er nicht wegkippen konnte. Unter dem Steinquader fanden sich die übrigen Säulenbestandteile. Das Weihedenkmal wurde unter dem Konsulat des Gratus und des Seleucus gesetzt, am Tag vor den Kalenden des März, das heißt am 28. Februar 221 nach Christus. Auf der Vorderseite des Viergöttersteins sieht man eine siebenzeilige Inschrift, die in Übersetzung folgendermaßen lautet: *„Jupiter dem Besten und Größten hat Vic(cius) Seneca, Reiter der 22. Legion mit dem Beinamen Primigenia Antoniniana Pia Fidelius, seinem Gelübde entsprechend auf seinem Grund und Boden dieses Weihedenkmal gesetzt."* Der Säulenschaft zeigt das typische Schuppenmuster, dem im Übrigen eine keltische Formensprache zugesprochen wird, da die heilige Eiche als baumförmiges Götterbild auch den mächtigsten Gott, und damit Jupiter symbolisierte. Die Schuppen stilisieren die Baumrinde. Das Kapitell besteht aus einem doppelten Blattkranz, der einen bäuchlings liegenden, schlangenleibigen Giganten trägt, über den das Pferd des Gottes mit Verve hinweg springt. Der relativ schlechte Erhaltungszustand der Säulenbekrönung machte unvermeidliche Ergänzungen notwendig.

Diesen in Gruben, Schächten und Brunnen versenkten, oft fast vollkommen erhaltenen Denkmälern verdanken wir wichtige historisch-archäologische Quellen zur Geschichte. Denn die Jupitersäulen sind unter anderem beste Beispiele für die Verquickung römischer und einheimisch-keltischer Religiosität und damit Teil des „Romanisierungsprozesses" der alle kulturellen Bereiche erfasste. Mit dem „Iupiter Optimo Maximo", dem Besten und Größten, konnte im Sinne der „interpretatio romana" durchaus auch eine hohe keltische Gottheit gemeint sein, beispielsweise der Radgott. Auch die Darstellung eines Giganten bezwingenden, reitenden Gottes war in der keltischen Welt gleichermaßen verwurzelt.

Nach der Mitte des 3. Jahrhunderts nach Christus wurde die gesamte Region von ihren Bewohnern systematisch aufgegeben. Vieles spricht dafür, dass die nachrückenden Germanen daraufhin die ursprünglich farbig bemalten Sakraldenkmäler beseitigten oder zerstörten. Womöglich ging aber auch von der römischen Provinzverwaltung in Mainz vor dem Abzug eine geplante Entweihung und Räumaktion aus.

Die Schiersteiner „Jupitergigantensäule" ist eine Nachbildung. Das Original wird im Landesmuseum in Wiesbaden aufbewahrt.

Fotos: Christine Krienke

Es war wie ein Traum!

Das Wandfresko im Casino des Poelzig-Ensembles in Frankfurt am Main

1929 erhielt der Frankfurter Künstler Georg Heck (1897–1982) den Auftrag für ein groß dimensioniertes Wandfresko im Casino des neu errichteten IG Farben-Gebäudes. Heck war Meisterschüler von Max Beckmann, der damals an der Städelschule unterrichtete und zur selben Zeit mit Lily von Schnitzler befreundet war, einer Frankfurter Kunstsammlerin und Mäzenin. Die kunstsinnige Dame war die Ehefrau eines Vorstandsmitgliedes der IG Farben und wurde gebeten, das Gebäude mit Kunstwerken auszustatten. Beckmann empfahl ihr Georg Heck.

Dessen dreieinhalb Meter hohes und fünf Meter breites Wandgemälde im „Roten Salon“ *„sollte, nach einer Idee von Frau von Schnitzler, dem festlichen Saal einen feierlichen Klang und den Gästen des Hauses die Stimmung traulicher Ruhe vermitteln“.*

Nach 1935 wurden viele Werke Hecks von den Nationalsozialisten auf dem Römerberg in Frankfurt öffentlich verbrannt. Da auch das Wandgemälde als „entartet" galt, wurde es übertüncht. In der Besatzungszeit nach dem Krieg, in der die amerikanische Militärbehörde das ehemals größte Bürogebäude Europas als Hauptquartier benutzte, vermuteten einige Herren unter dem Putz des Casinos einen echten „Max Beckmann". Das Fresko sollte daher möglichst schnell frei gelegt werden. Das Interesse erlosch allerdings wieder, als intensive Nachforschungen ergaben, dass das Wandbild „nur" von Beckmanns Schüler stammte.

70 Jahre lang wurde das Bild dann vielfach übermalt und schlummerte zuletzt unter einer mehrere Millimeter dicken Farbschicht, bis es schließlich ab 2005 durch Freilegung wieder zum Leben erweckt werden konnte. Das Kunstwerk ist eine bedeutende Zutat im ehemaligen IG Farben-Hochhaus, das der Architekt Hans Poelzig im Stil der Neuen Sachlichkeit gebaut hatte. Das Casino mit Festsaal gehört inzwischen zur Frankfurter Universität und das Fresko schmückt nun einen Konferenz- und Seminarraum.

Die figurenreiche Szene spielt unter freiem Himmel und wird durch eine Mauer eingefasst und von der Natur abgetrennt. Dieser abgegrenzte Bezirk, ein Hain, dient als bühnenartiger Raum, in dem die dargestellten Personen ein zeitloses Leben zu führen scheinen. Das friedliche Ambiente, das den klassischen Vorstellungen vom glücklichen Urzustand der Menschheit mit einer Welt ohne Leid und Krieg anspricht, verweist auf die ikonographische Tradition der Darstellungen vom „Goldenen Zeitalter" oder von „Arkadien". Ein Knabe mit Flöte und eine Frau mit Laute stehen für die „Harmonie", eine Frau mit Kind für „Mutterschaft" und die Kontinuität des Lebens. Die Taube gilt als Symbol des Friedens, zwei rahmende Frauengestalten mit gefüllten Früchtekörben versinnbildlichen den „Naturreichtum", und die Überfülle von Früchten und Blumen im zentralen Bildvordergrund veranschaulicht den Segen des bäuerlichen Lebens. Die mediterrane Anmutung und die antikisierenden Gewänder der Menschen verweisen auf

die Wiege der europäischen Kultur – auf das klassische Griechenland (Aus der Archivforschung des Kulturkreises Georg Heck e.V.). Ein Spruchband unterlegt die Szenerie mit einem Auszug aus „Menons Klagen um Diotima" von Friedrich Hölderlin (1770–1843): *„Komm! Es war wie ein Traum! Die blutenden Fittiche sind ja schon genesen, verjüngt leben die Hoffnungen all."*

Die Freilegung und Restaurierung des Freskos war für die Restauratoren eine echte Herausforderung, denn die Übermalung war eine gefährliche Verbindung mit dem Originalputz eingegangen. Glücklicherweise konnten große und kleine Risse dank verfeinerter Methoden behandelt und bereits vorhandene Fehlstellen im Farbton der originalen Malerei ausgebessert werden. Die im Krieg entstandenen starken Risse wurden in ihrer überkommenen Form belassen, man entschied sich jedoch, den zerrissenen Eindruck der Oberfläche (aufgrund verschiedener Verfärbungen und Oberflächenstrukturen) durch das Aufbringen einer hellgrauen Lasur zu vereinheitlichen. Ziel war es keinesfalls, das Wandgemälde wieder in ein tadelloses Kunstwerk zurückzuverwandeln, im Gegenteil: Die unrühmliche Geschichte des Gemäldes sollte offensichtlich bleiben. Die historische Raumfassung konnte größtenteils rekonstruiert werden, denn die zeitlich zum Gemälde gehörende farbliche Wandfassung blieb an manchen Stellen erhalten und war in demselben hellgrünen Grundton wie die Malerei gestrichen.

Dank des Kulturkreises Georg Heck, einer zweckgebundenen Spende der Deutschen Stiftung Denkmalschutz, kräftiger Zuschüsse durch das Landesamt für Denkmalpflege Hessen und der Johann Wolfgang Goethe-Universität sowie einiger kunstliebender Privatpersonen erzeugt das freigelegte Fresko nun erneut *„die Stimmung traulicher Ruhe"*.

4 Fotos: Klöckner, Uniarchiv Frankfurt am Main

Die keltische Himmelsleiter

Das Kalenderbauwerk auf dem Glauberg in der Wetterau

Bereits mehrere Jahrhunderte vor Christi Geburt stiegen die Kelten zu einem der prominentesten und einflussreichsten Völker Europas auf. Ihre Stammesführer waren mächtig und reich und konnten sich dementsprechende Fürstensitze schaffen. Eines der bedeutendsten dieser Herrscherhäuser war sicherlich das auf dem Glauberg am Ostrand der Wetterau. Bei Ausgrabungen des spektakulären Fürstengrabhügels vor mehr als zehn Jahren entdeckte man unter anderem zwei kostbar ausgestatte Grabkammern. Auf den von Gräben umgebenen Hügel führte eine „Prozessionsstraße" zu, in dem die damals gottgleichen Fürsten wie in einem Heiligtum bestattet wurden.

Bei den Grabungstätigkeiten nördlich des großen Fürstengrabhügels stieß man auf die Überreste von sechzehn gruppenweise angeordneten Pfosten und Gruben, deren Bedeutung zunächst unklar blieb. Indes konnte die Wissenschaft inzwischen die rätselhaften Relikte deuten: Der Frankfurter Astrophysiker Bruno Deiss erkannte, dass es sich hierbei um Reste eines astronomischen Bauwerks handelt, eines Instrumentes, das den Kelten zur Himmelsbeobachtung diente. Mit diesem Bau ließen sich unter anderem verschiedene astronomische Erscheinungen und der Jahreszeitenrhythmus bestimmen. Deiss ist sicher, dass die geheimnisvolle Pfostenanlage auf astronomische Fixpunkte sowie an markanten Geländestellen ausgerichtet wurde. Den Kelten war es offenbar möglich, mit Hilfe der Pfähle und verschiedener Visierpositionen bestimmte Punkte am Horizont genau anzupeilen. Dabei konnte man exakt die tägliche Verschiebung des Sonnenaufgangspunktes bestimmen. Somit war der Ablauf der Tage kalendarisch fixiert und anhand des Sonnenstandes der Beginn der keltischen Jahreszeitrechnung vorausberechenbar.

Fotos: Christine Krienke

Der Grundriss der Anlage liefert laut Deiss auch Hinweise auf die eminente Bedeutung des Mondes, dessen komplizierte Bahn sich mit dem Bauwerk genau berechnen ließ; der rechte Pfahl markiert dabei die große südliche Mondwende, die nur alle 18 bis 19 Jahre stattfindet. Auch der Verlauf der Prozessionsstraße, der die Hauptachse der Anlage kennzeichnet, entspricht akkurat dem südlichen Mondwendepunkt im fünften Jahrhundert vor Christus. (Bruno Deiss)

Das Kalenderbauwerk hatte anscheinend in erster Linie einen praktischen Nutzen für den Alltag der Menschen in keltischer Zeit, denn man konnte über Generationen hinweg wichtige Termine berechnen (etwa für die Aussaat und die Ernte, die Wintersonnen- und die Mondwende). Im Zusammenhang mit den Grabmalen ist der Kalenderbau aber auch als kultische Anlage zu sehen. Von hier aus konnten die keltischen Priester und Gelehrten (Druiden) das genaue Datum von Feiertagen, heiligen Zeiten und Ritualen bestimmen. Der Bau deutet insofern auch auf eine sakrale überregionale Bedeutung dieses Ortes hin, der die Stellung des Glaubergs als machtvollen Mittelpunkt weit verstreuter Keltensippen unterstreicht.

Die Rekonstruktion dieser Anlage aus frühkeltischer Zeit, für die 16 Eichenstämme in die Erde gerammt wurden, ist in Europa einmalig. Rund 25 Schüler der Berufsschule Nidda haben seit April 2007 unter Anleitung ihres Lehrers Friedel Nickel in mehr als 300 Arbeitsstunden die Eichenstämme auf die richtige Länge zurecht geschlagen. *„Im Sägewerk hätte man das nicht so genau hinbekommen, und es wäre auch zu teuer gewesen“*, sagte Nickel, der in Glauberg zugleich der örtliche Zimmermann ist. Im Frühsommer 2008 wurde hier außerdem ein „Heiliger Hain“ angepflanzt, der Besucher in die mythische Welt der Kelten einführt und sie zum Nachdenken über die Wahrnehmung der Natur anregt. Das keltische Kalenderbauwerk ist zu besichtigen.

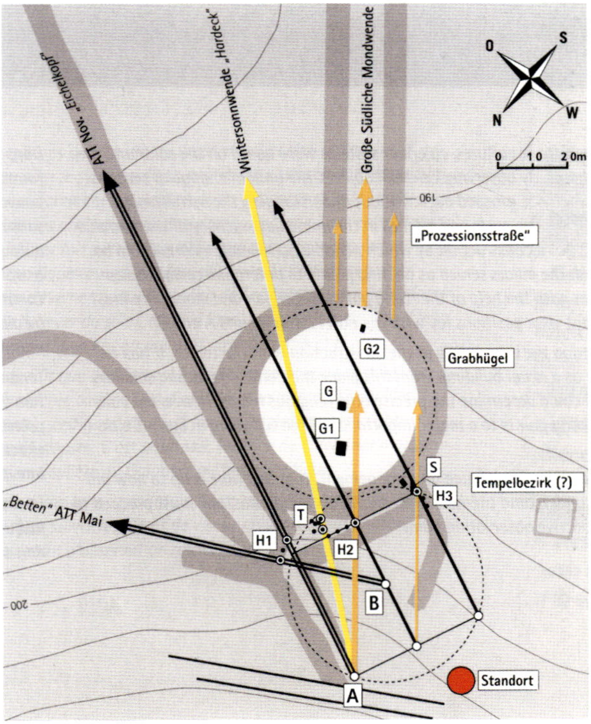

Plan: Landesamt für Denkmalpflege Hessen

A: *Beobachtungspunkt A (nordöstlich vom Tafelstandort);* ***B:*** *Beobachtungspunkt B (östlich vom Tafelstandort);* ***G:*** *leere Grube im Zentrum des Grabhügels;* ***G1:*** *Fürstengrab 1;* ***G2:*** *Fürstengrab 2;* ***H1:*** *Pfostengruppe 1;* ***H2:*** *Pfostengruppe 2;* ***H3:*** *Pfostengruppe 3;* ***S:*** *Fundort der Statue des Keltenfürsten;* ***T:*** *sog. Tempel: quadratische Pfostenstellung mit 2 Innenpfosten;* ➡ *kalendarischer Bezug;* ➡ *Bezug zum Sonnenverlauf;* ➡ *Bezug zum Mondverlauf*

Ein Archiv der Vergangenheit

Die fotografischen Inventarisationen des Alfred Meydenbauer

Die ersten Aufnahmen für ein hessisches Denkmälerarchiv entstanden zwischen 1883 und 1911 durch die „Königlich Preußische Messbildanstalt“ in Berlin. Diese Anstalt wurde durch präzise, nüchterne und detailreiche Fotografien der Baudenkmäler bestückt, bekam ihre Bedeutung aber vor allem durch fotografische Vermessungen. Wir stehen hier am Anfang der Geschichte der Fotogrammetrie. Der Gedanke der Gebäudevermessung mit Hilfe der Fotografie entstand erstmals in Wetzlar, wo es eine entsprechende optische Industrie gab, und die derartige „Bearbeitung“ des Wetzlarer Domes war sozusagen der Anfang, die Inkunabel der Messbildfotografie.

Alfred Meydenbauer, geboren 1834, erhielt nach seinem Studium an der Berliner Bauakademie vom ersten preußischen Konservator Ferdinand von Quast den Auftrag, den Dom zu vermessen. Meydenbauer hielt seine ersten Erfahrungen später in seinen Erinnerungen fest und fragte sich eindringlich: *„Kann das Messen von Hand nicht durch das Umkehren des perspektivischen Sehens, das durch das photographische Bild festgehalten wird, ersetzt werden?“* Und tatsächlich entwickelte Meydenbauer in der Folge fotografische Apparate und ein Fotogrammetrie genanntes Verfahren, mit deren Hilfe Fotografien grafisch in Formen von vermassten Zeichnungen umgesetzt werden konnten. Der Durchbruch in der Anerkennung dieses Verfahrens gelang ihm mit der Aufnahme eines zweiten Baus, der Marburger Elisabethkirche. Die Methode überzeugte, und im preußischen Abgeordnetenhaus wurden die Mittel zur Gründung der Messbildanstalt bereitgestellt. Seitdem ist für die wissenschaftliche Bauaufnahme dieses Verfahren unverzichtbar.

Das Ziel der Anstalt war es, ein ganz Deutschland umfassendes Denkmal-Archiv zu erstellen. Bereits 1905 lagen 10.000 Foto-Glasplatten vor, die letztlich die Keimzelle für die „Staatliche Bildstelle“ in Berlin wurden. Die hessischen Objekte bieten einen Querschnitt durch die Kunstlandschaften – von der Römerzeit (Saalburg) über Kirchen, Klöster, Wehrbauten und Adelssitze. Freilich galt auch bescheidenen Dorfkirchen und ländlichen Ortsbildern sein Interesse. Ein großer Teil der so in Hessen erfassten Denkmäler ist allerdings in den vergangenen 100 Jahren durch verheerende Ereignisse untergegangen. Umso höher ist der dokumentarische Quellenwert dieser Messbilder zu bewerten.
(R. Bentmann)

Welche Bedeutung die Aufnahmen Meydenbauers als zeitgeschichtliche und denkmalpflegerische Dokumente haben, möchten wir an vier Beispielen zeigen, die pars pro toto für die 70 erhaltenen Bilder aus Hessen stehen:

Fotos: Albrecht Meydenbauer

Das Rathaus in Bad Hersfeld

An der Einmündung der Haune und der Geis bildet die Fulda ein weites Tal. Auf einer Anhöhe errichteten Schüler des Heiligen Bonifatius hier 736 zunächst eine Einsiedelei. Diese Niederlassung nutzte der Mainzer Erzbischof Lullus 769 als Baugrund für ein Benediktinerkloster. Die Lage dieses Klosters am Schnittpunkt wichtiger Fernstraßen (die von Osten nach Westen verlaufende hieß später „durch die kurzen Hessen") hat früh zur Ansiedlung von Handwerkern und Kaufleuten geführt.

Das älteste Beispiel Hersfelder Münzprägung aus der Mitte des 11. Jahrhunderts mit dem Schriftzug „Herocampis Civitas" beweist, dass es hier früh einen Markt im Besitz des Abtes gab. Dieser seit 1142 auch urkundlich bezeugte Markt dürfte vor dem späteren Rathaus gelegen haben, das erstmals 1371 erwähnt wird. Es handelt sich demnach um einen gotischen Kernbau. Das heutige Gebäude wurde einer Bauinschrift zufolge 1597 erbaut und 1607 bis 1612 umgebaut und erweitert. Zusätzlich wurde das Rathaus mit üppiger Bauzier im Stil der Weserrenaissance geschmückt. Die Zweiflügelanlage mit einem Treppenturm an der Hofseite wird von einem hohen Dach mit großen Giebeln (je zwei an den Langseiten und je einem an der Schmalseite) vollständig eingeschlossen.

Meydenbauer dokumentierte den Bau 1912 im Zustand malerischer Vernachlässigung, fern allen eifernden Herausputzens, das wir heute oftmals bei derartigen Bauten hinnehmen müssen. Rathäuser sind schließlich stolze Symbole für bürgerliches Selbstbewusstsein und städtische Emanzipation, für ein segensreiches Stadtregiment und Wohllebigkeit, sprich: gewichtige „Bedeutungsträger". Darum werden sie eben auch verändert. Der Vergleich mit dem Foto von 1912 aber hilft, die Veränderungen wahrzunehmen.

R. Bentmann beobachtet: *„Eine nachträglich aufgeputzte, rustizierte Eckquaderung ist einer bereinigenden Restaurierung zum Opfer gefallen. Wahrscheinlich war dies eine historisierende Zutat des 19. Jahrhunderts, die den Renaissancecharakter des Baus verstärken sollte."* Und weiter: *„Sonst blieb alles glücklicherweise beim Alten. Man hat das Hersfelder Rathaus farblich nicht herausgeputzt, obwohl dies nahegelegen hätte."*

Die „Alte Schmiede" in Kiedrich im Rheingau

Zu sehen bekommt man hier nur das reizvolle Weinbauernhaus aus dem Jahr 1672 mit seinem Erker und einem malerischen Hofanbau, von jeher ein romantischer Maler- und Fotografenwinkel. Die Inschrift im Brüstungsfeld seitlich am Erker, „HENRICUS TRISMANN", weist den Weg für Nachforschungen über den Erbauer des Anwesens, und das Schmiedeemblem bescheinigt das in diesem Haus ausgeübte Handwerk des Waffenschmiedes.

Heinrich Driesmann, so die moderne Schreibweise, war ein tüchtiger Handwerker und gewitzter Unternehmer und brachte es zu einem, auch in Kiedrich, ansehnlichen Besitz. Das, was die Fotografie Meydenbauers um 1900 zeigt, wurde tatsächlich nicht wesentlich verändert: eine Gebäudegruppe aus Scheunen, Nebengebäuden und rechtwinkligem Fachwerkwohnhaus. Verändert ist lediglich der Torbogen, der den gesamten Bildvordergrund einnimmt. Der Bogen führt nicht etwa auf den Hof der alten Schmiede, wie man es vermuten könnte, sondern gehört zum benachbarten Grundstück. Das gleichfalls denkmalgeschützte Fachwerkwohnhaus wurde in den siebziger Jahren abgerissen. Für eine verbreiterte Durchfahrt wurde ein neuer flacherer Bogen gebaut und der hübsche überdachte Gelenkbau zur „Alten Schmiede", vermutlich ein Backhaus, wurde geopfert.

Mit dem zunehmenden Autoverkehr und der Ortsdurchquerung von Lastwagen wurde der Erker zunehmend zum Hindernis. Immer wieder wurde er angefahren und beschädigt, so dass die Gemeinde den gefährlich wackeligen Anbau am liebsten beseitigt hätte. Letztendlich konnte sich die denkmalpflegerische Gesinnung durchsetzen. In den 1980er Jahren wurde die „Alte Schmiede" in mehreren Bauabschnitten mit Hilfe erheblicher Landeszuschüsse schonend restauriert, sie ist heute ein Vorzeigeobjekt und präsentiert sich erheblich besser als zu Meydenbauers Tagen.
(R. Bentmann)

Die Goldhut-Gasse in Frankfurt am Main

Georg Dehio, der Kunsthistoriker, Denkmalpfleger und erste systematische Denkmaltopograph Deutschlands hat in seiner „Geschichte der Deutschen Kunst“ (1918) der alten deutschen Stadt Frankfurt ein wissenschaftliches Denkmal gesetzt. Dehios Beschreibungen des spätmittelalterlichen Stadtbildes entstanden übrigens nur wenig später als Meydenbauers Fotografien. Die „Bilder“ der beiden sind eine wichtige Dokumentation der unwiederbringlich verlorenen baulichen Stadtgeschichte. *„Eine köstliche Eigenschaft der alten deutschen Städte ist ihre physiognomische Mannigfaltigkeit. Eine jede ist sozusagen eine volle Persönlichkeit“*, schreibt Georg Dehio.

Die enge Goldhut-Gasse, benannt nach dem Haus zum „Goldenen Hut“, war seit alters her der Sitz eines beliebten Apfelweinausschanks, und stellt nur ein Bruchstück des unermesslichen Verlustes an Baukunst dar, der der Menschheit durch den Zweiten Weltkrieg widerfuhr. Umso bedeutsamer ist der dokumentarische und argumentative Wert der fotografischen Urkundensicherung Meydenbauers, und – das muss hinzugefügt werden – auch seiner Kollegen und Nachfolger, in deren Bildkompendien die Frankfurter Altstadt fortlebt.

Das innere Holztor und der Johanniterhof in Gelnhausen

Die Freie Reichsstadt Gelnhausen ist von so außergewöhnlicher historischer Bedeutung, dass an dieser Stelle nur einige wenige einleitende Gedanken zu den Meydenbauerschen Motiven hinführen können.

Die Gründung der Reichsstadt scheint als bewusstes Gegenstück zur Kaiserpfalz („1170 apud castrum G. novam villam fundantes") geplant gewesen zu sein. Nach spätmittelalterlicher Tradition wurde eine etwas nördlich gelegene ältere Ansiedlung um die Godebertskapelle mit der früheren Dorfschaft und der Burg vereinigt. Der Stadtgrundriss zeigt uns eine Doppelmarktanlage mit einer Durchgangsstraße, da das wirtschaftliche Schwergewicht schon früh auf dem Fernhandel lag. Das Gründungsprivileg richtete sich deshalb besonders an die neuangesiedelten „mercatores", die mit einem Teil der Burgmannenschaft zur patrizischen Führungsschicht zusammenwuchsen. Entscheidend für die Entwicklung der Stadt wurde die neue, durch das Kinzigtal und über den Gelnhäuser Obermarkt führende Verbindung von Frankfurt nach Leipzig, die „via regia". Gelnhausen gehörte 1241 nach dem Reichssteuerverzeichnis zu den leistungsfähigsten deutschen Reichsstädten. Ohne Zweifel ist das eindrucksvollste Zeugnis dieses kometenhaften Aufstiegs in Gelnhausens Baukunst zu sehen.

Der spätromanische innere Mauerring wurde im 14. Jahrhundert nach Westen erweitert. Vier Tore und drei Türme der imposanten, bis ins 16. Jahrhundert wohl unterhaltenen Doppelbefestigung sind noch vorhanden. Im Schutze dieser Wehranlage ließen sich auch die Franziskaner mit ihren Klosterbauten und der Deutsche Orden mit einem stattlichen Steinhaus nieder. Der Johanniterhof und das Templerhaus wurden so errichtet wie die Abteihöfe der Arnsburger und der Hainaer. Die klösterlichen Wirtschaftshöfe bildeten eine städtische Verankerung der Orden, von denen aus sie die Abgaben der abhängigen Bauern einziehen und die große Handelsstraße zum Handel mit landwirtschaftlichen und handwerklichen Produkten von den Grangien nutzen konnten.

Der Johanniterhof war die Niederlassung der Kommende der Johanniter von Rüdigheim in der Wetterau. Benannt wurde sie zwar erst 1384, indes konnte die Bauforschung herausfinden, dass das Gebäude schon früher bestand. Denn das kleine dreigeschossige Steinhaus mit Treppengiebel zeigt ein spätromanisches Portal und ein ebensolches Giebelfenster. Die erhaltenen, paarweise gestellten Fenster an der Westseite sprechen

für die erste Hälfte des 14. Jahrhunderts, die Südseite wurde erkennbar im 15. Jahrhundert verändert. Die kleine quadratische Kapelle im Haus ist kreuzgratgewölbt und hat einen Schlussstein in Form des „Agnus Dei".

Meydenbauers Aufnahme zeigt uns die Holzgasse an der Ecke der Stadtschreiberei. Die altstädtische Situation blieb bis heute nahezu unverändert. Das entscheidende Motiv der Fotografie ist aber der gotische Steinbau des Johanniterhofes um 1900. Nachdem die Klosterhöfe bereits mit der Reformation untergegangen waren, war ihre Nutzung vielen Zufälligkeiten ausgesetzt, die dem Gebäude nicht immer dienlich waren. 1900 wie auch heute wird es privat bewohnt. Bentmann schreibt etwas beklommen: *„Heute zeigt sich das Johanniterhaus als Ergebnis eines Hessentages (1996) und einer professionellen Stadterneuerung im Äußeren umfassend überarbeitet. Der Bau ist neu verputzt und in hellem Gelb gefasst. Die Fenster der Giebelseite wurden regotisiert, mit steinernen Vierpass-Oberlichtern überm Kreuzstock und einer Butzenscheibenverglasung."* Der Vergleich mit Meydenbauers Bestandsurkunde beweist, dass die neueste Stadtkosmetik Geschichtsspuren tilgte.

Foto: Christine Krienke

Ein großes Werk

Die Naxoshalle in Frankfurt am Main

Obwohl die Stadt Frankfurt ihren Wohlstand vornehmlich dem Handel zu danken hatte, der sich im 19. Jahrhundert vom Warenhandel zum Geldmarkt wandelte, sah sich die Stadt zum Ende des Jahrhunderts auch dem Ziel nah, zu den bedeutendsten deutschen Industriestädten zu zählen. Da eigene Rohstoffquellen fehlten, mussten sich Frankfurter Unternehmer freilich auf Produktionen aus dem Bereich Maschinenbau und Elektrotechnik beschränken. Dies hatte zur Folge, dass im Stadtbild die Industriebauten eher den Verwaltungsgebäuden der Handels- und Bankhäuser glichen.

Historische Fotos: Denkmalamt Frankfurt am Main

Eine höchst erfolgreiche Pioniertat der Frankfurter Industrialisierung ging 1871 von dem Unternehmer Julius Pfungst aus, der exklusiv „Ächten Schmirgel" von der griechischen Insel Naxos zu Schleifmitteln verarbeitete. Parallel zur Erfindung der synthetischen Schleifmittel um 1890 begann das Unternehmen mit der Konstruktion von Schleifmaschinen, die wegen ihrer Präzision bald weltweit begehrt waren. Ausgerechnet Naxos gab der Firma ihren Namen – die Insel, auf der Ariadne blieb, nachdem Theseus sie verlassen hatte. Johann Heinrich Danneckers Skulptur „Ariadne auf dem Panther" (1814/1816), die einst der Frankfurter Bankiersfamilie Bethmann gehörte und heute im Liebieghaus steht, wurde zum Signet der Firma.

Heute denken wir in erster Linie an die denkmalgeschützte Gusshalle im Herzen des Firmengeländes, die aus dem Jahr 1907 stammt. Eine Basilika der technischen Produktion, aus deren Holzboden noch immer der Geruch von Öl, Metall und Staub aufsteigt.
Das Werk florierte seit seiner Gründung, und schon um die Jahrhundertwende hatte die „Naxos-Union" das ganze Gelände zwischen Waldschmidtstraße und Wittelsbacherallee eingenommen. Bis auf 30.000 Quadratmeter dehnte es sich aus. Das seit 1918 durch die „Dr. Arthur Pfungst-Stiftung" geleitete Unternehmen verlagerte allerdings 1929 einen Teil der Produktion nach Fechenheim.

Fotos: Christine Krienke

Ursprünglich war das Frankfurter Ensemble aus Werkshalle und Verwaltungsgebäude mit einer Brücke verbunden, wobei sich beide Bauwerke in der Architektursprache deutlich (ihrer unterschiedlichen Funktion angemessen) voneinander unterscheiden. Das „Technische Verwaltungsgebäude“ folgt dem Zeitgeschmack für öffentliche Bauten in historisierender Manier, während die fünfzehnachsige Gusshalle mit überhöhtem Mittelschiff das Bild eines puren Industriebaus bietet. Die lichtdurchflutete Halle ist 102 Meter lang und 22 Meter breit. Die Stahlkonstruktion hat umlaufende Galerien und wird von einer großzügigen, durchfensterten Backsteinfassade umschlossen, die die Gliederung der Konstruktion aufnimmt.

Als jüdische Gründung überstand die „Naxos-Union“ mit Glück und unter bedachtsamer Leitung einigermaßen glimpflich die NS-Zeit und den Bombenkrieg. Marie Pfungst, letztes Mitglied der Gründerfamilie, kam 1943 in Theresienstadt zu Tode. Von 1945 bis 1991 wurde die Gusshalle noch als Werkstattgebäude von der Naxos-Union genutzt, danach stand sie lange leer und diente gelegentlich als Ausstellungsraum und Theaterspielort. Im Verwaltungsgebäude arbeiten seit seiner Sanierung 2002 mehrere Dienstleistungsfirmen. 2006 hat die Stadt Frankfurt die Naxoshalle erworben. Sie plant auf Dauer eine multifunktionale Nutzung, die sich gleichwohl auf kulturelle Ereignisse beschränken soll. Hierfür stehen allerdings einige dringlichste Eingriffe bevor: die Sanierung des kontaminierten Hallenfußbodens und die Erfüllung der hohen Ansprüche seitens des Brand- und des Wärmeschutzes.

Historisches Foto: Denkmalamt Frankfurt am Main

Geistliche Zelle

Die Einhards-Basilika in Michelstadt-Steinbach

Einhard, der Vertraute und Biograph Karls des Großen, wird gern als Autorität für die Architektur der Karolingerzeit genannt. Um 770 wurde er im Maingau geboren und früh vom Abt zu Fulda an den Hof Karls des Großen geschickt, wo er an der Hofschule unterrichtet wurde. Tatsächlich fiel er hier schon bald wegen seines technischen Talentes auf, und so wuchs er erstaunlich früh in die Rolle eines Bauleiters hinein. Zahlreiche Baumaßnahmen Karls – wie etwa die Brücke zu Mainz, die Pfalzen zu Ingelheim und Aachen und die Basilika bei Michelstadt hat er teilweise oder ganz geleitet. Er war der Begleiter Karls und ging 806 als sein Gesandter nach Rom.

815 wurde Einhard von Ludwig dem Frommen, dem Sohn Karls, die Mark Michelstadt geschenkt. Dort gründete er Steinbach, wie er in seiner „Überführung der Hl. Marzellinus und Petrus" berichtet. Steinbach war damals Teil der Gemarkung Michelstadt; es hieß noch im 12. Jahrhundert „cella Michlinstat". Einhard hat dort von 815 bis zu seiner Übersiedlung nach Seligenstadt 828 gelebt und auch eine „prächtige Kirche" erbaut. Die von ihm geplante, aber durch die Überführung der Reliquien der heiligen Märtyrer nach Seligenstadt unterbliebene geistliche Niederlassung wurde erst 1073 als Benediktinerpropstei durch Lorsch errichtet. Die Vogtei hatten damals die Grafen von Erbach inne, wohl einer der Ansatzpunkte ihrer späteren Macht. Das Kloster wurde bei der Einführung der Reformation aufgehoben und die Kirche in ein Landeshospital verwandelt, das jedoch im Dreißigjährigen Krieg einging. Auch wenn die Bauten der Klausur restlos verschwunden sind, gehört die Klosterkirche (trotz des Abbruchs der Seitenschiffe und des nördlichen Nebenchors im 14. Jahrhundert, des Umbaus der Westfront 1588 und des Teileinsturzes der Hauptapsis 1855) zu den am besten erhaltenen karolingischen Kirchenbauten in Deutschland.

Die Einhards-Basilika ist für die Bauforschung schon immer von großem Interesse gewesen, da hier der starke Einfluss der römischen Baukunst besonders gut nachvollzogen werden kann: *„Raumgestaltung, Proportionen, Lichtführung und Mauertechnik verraten einen an römischen Bauten geschulten, geistig hochstehenden Architekten, wohl Einhard selbst."* (G. Kiesow)

Seine profunde Kenntnis der römischen Bautechniken, des Handwerks, der Werkzeuge und der Baumaterialien kam nicht von ungefähr, denn auch Einhard hatte „DE ARCHITECTURA LIBRI DECEM" des Vitruv in seinem Gepäck. In der Klosterbibliothek zu Seligenstadt fand man den Archetypus dieses Werkes, auf den alle späteren Abschriften zurückgehen.

Fotos: Roman von Götz

„Nach römischer Tradition", so Kiesow, *„bestehen die Mauern aus verschiedenem Material. Für die Apsiden, Nebenchöre, einst auch die Seitenschiffe wurde eine Verblendung aus hammergerecht zugehauenen Bundsandstein-Kleinquadern gewählt; Ostgiebel und Obergaden des Mittelschiffes bestehen aus Bruchstein, dessen Verputz noch in großen Partien vorhanden ist und wahrscheinlich mit einer Scheinquaderung bemalt war. Bei den Langhauspfeilern wird der römische Einfluss besonders deutlich, denn sie bestehen aus flachen Ziegeln, wie sie sonst außer bei den Bauten in Seligenstadt in der mittelalterlichen Baukunst Hessens nicht mehr vorkommen"*.

In Vitruvs sechstem Buch über Architektur ist die Rede *„von unterirdischen Räumen, Gewölben und auf Pfeilern errichteten Gebäuden"*. Wie sehr Einhard von diesen Anleitungen profitierte, können wir bei der Basilika in den Apsiden, dem Chor, den Arkaden und der Krypta studieren, denn hier wurde eine der größten Errungenschaften der gesamten römischen Baukunst angewandt: der gemauerte Bogen. Die römischen Ingenieure hatten nämlich einen Weg gefunden, keilförmige Backsteine herzustellen – eine Innovation, die es den Baumeistern ermöglichte, dauerhaft stabile Bögen und Gewölbe zu mauern. Diese Technik verbreitete sich im gesamten römischen Baugebiet und wurde überall eingesetzt, beim Bau von Aquädukten genauso wie beim Bau von Wohnhäusern.

Fotos: M. Hangleiter

Foto: Roman von Götz

Die sorgfältig verputzten karolingischen Innenwände sind erkennbar für Malereien berechnet. Aus der Erbauungszeit sind Bruchstücke einer figurenreichen Darstellung in der Apsis und ein Konsolenfries unter der Mittelschiffdecke erhalten (in den Farben Rot, Ocker, Orange und Weiß). Aus der Zeit 821–827 sind im Mittelschiff Reste eines Rankenfrieses zu sehen; an der Südwand auf den Füllungen der Arkaden finden sich Darstellungen von zwei disputierenden Gestalten. Auch hierbei war Vitruv der große Lehrmeister, denn die raffinierten Rezepturen für Putz, Stuck, Mörtel und die Zubereitung von natürlichen Farben finden wir ebenfalls in „DE ARCHITECTURA LIBRI DECEM".

Einiges ist in nachkarolingischer Zeit an An- und Umbauten hinzugekommen. Zudem wurde durch den Abbruch der Seitenschiffe im 14. Jahrhundert das ausgeklügelte statische System der Einhards-Basilika entscheidend geschwächt. In das Mauerwerk des Obergadens hatte man bei der Erbauung einen verdeckten hölzernen Zuganker eingefügt, der die Chorschranke im Osten mit der Westwand verspannte. Dadurch wurden auch die hohen, relativ dünnen Mittelschiffwände im gefährlichen Knickpunkt ausgesteift. Nach dem Abbruch der Seitenschiffe, der Chorschranke und der Westwand (sowie der Zerstörung des Holzankers durch Fäulnis) verformten sich im Laufe der Jahrhunderte die Wände bedrohlich, so dass 1968–1974 eine statische Sicherung dringend notwendig wurde.

Der damalige Landeskonservator Gottfried Kiesow hatte sich eine Sicherung ohne jede fremde Zutat gewünscht, denn bei einem Bau von solcher Qualität und derartigem Quellenwert verbieten sich alle verfälschenden Elemente. Deshalb entschloss man sich, das alte System wieder aufzunehmen; freilich nun mit einem Betonanker und mit Stützwänden im Umriss der verschwundenen Seitenschiffe. Auch die je sechs schlanken Arkaden auf verputzten Ziegelpfeilern, die die Verbindung zu den Seitenschiffen herstellten und im 14. Jahrhundert zugemauert wurden, hätte man gern wieder geöffnet. Aber dieser Eingriff wäre wegen deren Bauschäden mit großen Substanzverlusten verbunden gewesen. Kiesow schreibt erleichtert: *„So blieb die wertvolle gebaute Urkunde mit allen ihren Aussagen, aber auch Fehlstellen und Brandflecken für jedermann lesbar erhalten."*

Aus der Luft gegriffen

Flugprospektion in Hessen

Die Flugprospektion archäologischer Denkmäler, wegen des von ihr genutzten Mediums gemeinhin als „Luftbildarchäologie“ bezeichnet, hilft durch ihre besondere Perspektive, spezielle auf Bodendenkmäler hinweisende Spuren zu sichten. So lassen sich architektonische Überreste oftmals am Bewuchs erkennen. Diese Veränderungen in der Flora, die am Boden nicht oder kaum zu sehen sind, können aus der Luft verifiziert und einem deutbaren Bild zugeordnet werden. Dass historische Relikte Bewuchsmerkmale (wie etwa Schatten, Bodenunebenheiten oder Feuchtflächen) verursachen, ist seit alters her bekannt und wurde schon länger zur Auffindung archäologischer Fundstätten herangezogen, durch die Entwicklung der Luftfahrt wurde die Flugprospektion dann aber zu einem unverzichtbaren Hilfsmittel bei der Entdeckung und der Inventarisation archäologischer Kulturdenkmäler und deren Bewahrung. (F.-R. Herrmann)

Foto: Claus Bergmann

Die ständige Ausweitung der Siedlungs- und Verkehrsflächen und die intensive Landwirtschaft stellen eine dauernde Gefahr für archäologische Hinterlassenschaften dar. Um diese Relikte der Nachwelt zu präsentieren, ist die wissenschaftliche Dokumentation die adäquate Form. Die Luftbildarchäologie bildet für den Denkmalpfleger ein wichtiges Instrumentarium, um in relativ kurzer Zeit große Flächen nach archäologischem Fundstätten zu durchmustern.

Die Arbeit aus der Luft gilt dabei vorrangig der so genannten „untertägigen Hinterlassenschaften“ wie beispielsweise Pfostenlöcher vergangener Holzbauten, verfüllte Abfallgruben und Gräben, Flachgräber, verebnete Grabhügel oder überdecktes Mauerwerk. Bodenverfärbungen, Veränderungen im Wuchs und die Farbe der Pflanzen, die sich auf Fundstellen befinden, letztlich auch die Beleuchtung und die Witterungsverhältnisse, ermöglichen dem geschulten Betrachter, die unterirdischen Denkmäler zu erkennen.

Dennoch ist es ein Irrtum zu glauben, die Feldbegehung, die klassische Methode der Prospektion, sei durch systematisches Überfliegen des Landes obsolet. In Hessen sind 50 Prozent der Gesamtfläche durch Wälder, Siedlungen und Verkehrsflächen der Kamera versperrt. Zudem kann häufig erst mit Hilfe von Akten und Kartenstudien, Feldbegehungen oder (in Ausnahmefällen) auch Ausgrabungen die Bedeutung eines Fundes zufriedenstellend geklärt werden. So sind Luftbildarchäologie und Feldbegehungen nicht konkurrierende, sondern sich ergänzende Verfahren der Prospektion. (Philipp Ille)

Foto: O. Braasch

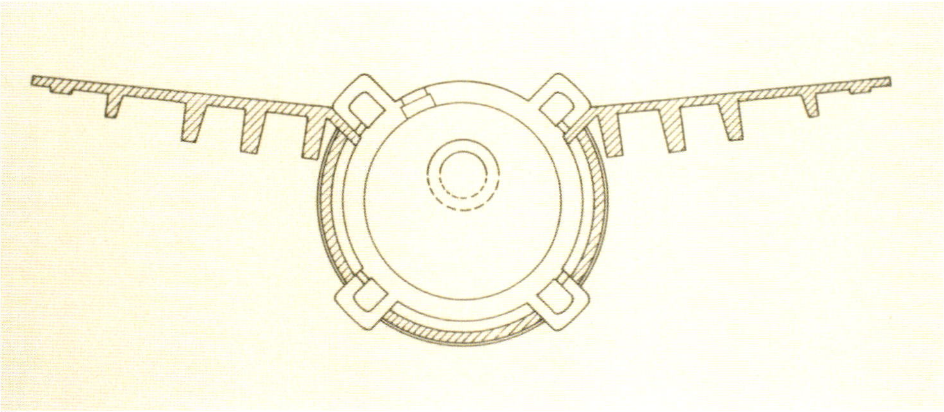

Plan: Stadtarchiv Mainz

Ein Verteidigungswerk im Getreidefeld

Wiesbaden-Amöneburg

Ein besonders markantes Beispiel für die Arbeit der Luftbildforschung ist das mächtige Verteidigungswerk in Wiesbaden-Amöneburg: Auf der Petersaue, einer Rheininsel zwischen Wiesbaden und Mainz, zeichnen sich in einem Getreidefeld deutlich die Spuren eines Bollwerks ab, das zur Festung Mainz gehörte. Markant tritt im Bewuchs ein Turm hervor, der aus drei konzentrisch angelegten Mauern besteht. Rechtwinklig gehen zwei Mauerzüge ab, denen zwei Räume vorgelagert sind. Der davor liegende Wall und Graben ist bei der Verfärbung der Pflanzen weniger deutlich zu verifizieren. Den Archivalien ist übrigens zu entnehmen, dass die Petersaue bis ins Jahr 1792 in das Mainzer Befestigungssystem eingebunden war. Damals besetzten französische Truppen die Stadt.

Philipp Ille erläutert das Luftbild: Die erkennbaren Bauten lassen sich im Wesentlichen zwei unterschiedlichen Ausbauphasen der Festung zuordnen. 1841 wurde beschlossen, die Bundesfeste Mainz zu verstärken. Hierzu wurden die beiden inneren Mauerringe sowie die vier sich kreuzförmig gegenüberliegenden Räume errichtet. Der Treppenaufgang zum Obergeschoss liegt in der Mitte des Gebäudes. Die Deckenkonstruktion ruht auf den strahlenförmig in das Innere der Anlage gerichteten Mauervorsprüngen, die gleichzeitig die Außenwand stärken. Die ursprüngliche Außenmauer, der mittlere Ring, war rundherum mit Schießscharten versehen. Nach 1870, als die Feste Mainz nunmehr Reichsfestung war, wurde der Turm mit einer weiteren Mauer ummantelt, so dass sich die nach außen vorspringenden Räume nachher kaum mehr vom Mauerrund abhoben. Nach einem Plan des Jahres 1865 wurden zwei der Räume womöglich als Küche und der einzelne als Latrine genutzt.

Eine harte Nuss geknackt

Archäobotanik in Hessen

Nicht nur Keramikscherben, Fibeln und anderes Sachgut sind archäologische Funde, sondern auch Pflanzenreste. Sie bilden die Grundlage für die Forschungen der hessischen Landesarchäologie zu Umwelt, Landwirtschaft und Ernährung der Vorzeit und sollten auf jeder Grabung systematisch geborgen, archiviert und später wissenschaftlich bearbeitet werden.

Angela Kreuz, die Leiterin der Abteilung Archäobotanik im Landesamt für Denkmalpflege Hessen, beschreibt ihr Forschungsfeld so: *„Der Anbau von Getreide, Hülsenfrüchten und Ölpflanzen sowie die Waldweide mit Haustieren bildeten die Lebensbasis der bäuerlichen Gruppen im 6. Jahrhundert vor Christus. Ohne Getreidevorräte für seine Truppen hätte Caesar Gallien nicht erobert. Und was wären die Güter, Burgen und Schlösser des Hochmittelalters und der Neuzeit ohne die dazugehörigen Parks und Gärten gewesen? Pflanzen hatten in allen vor- und frühgeschichtlichen Epochen einen wesentlichen Stellenwert.“*

Und an anderer Stelle: *„Das pflanzliche Material zur Untersuchung der Vegetations- und Landwirtschaftsgeschichte stammt entweder direkt aus archäologischen Ausgrabungen oder wird im Zusammenhang mit archäologischen Fragestellungen geborgen und untersucht. Es werden zwei sich ergänzende Forschungsmethoden der Archäobotanik angewandt: die botanische Großrestanalyse und die Pollenanalyse. Bei der Pollenanalyse werden Blütenstaub (Pollenkörner), Moos, Farnsporen und ähnliche kleine Reste (Mikroreste) untersucht. Die botanische Großanalyse widmet sich allen übrigen Teilen einer Pflanze, vor allem Samen, Früchten und Hölzern (Makroreste). Neueste Forschungsrichtungen innerhalb der Archäobotanik analysieren inzwischen auch die chemische und genetische Zusammensetzung von Pflanzenfunden.“*

Begannen noch zur Zeit des Jäger-Sammler-Daseins der Menschen der Anbau und die Domestikation der Wildformen von Getreide- und Hülsenfrüchtearten sowie Leinen (Flachs), so setzte einige Jahrhunderte später auch die Viehzucht von Rind, Schwein, Schaf und Ziege ein. Hiermit bildete sich die bäuerliche Lebensform endgültig aus. Von der bronzezeitlichen Landwirtschaft wissen wir aus Hessen nur wenig, zur keltischen Bewirtschaftung liegen dagegen weit mehr Forschungsergebnisse vor. Die hohe Anzahl der Kulturpflanzenarten, die die Ernährungslage verbesserten, und die Verfeinerung der Speisen sprechen dabei für den beachtlichen kulturellen Entwicklungsstand der Kelten: *„Außer Wasser und Milch trank man bei den Festen auch den Honigwein Met, Bier oder sogar teuren, aus dem Süden importierten Wein. Von zentralen Orten, wie der keltischen Saline in Bad Nauheim und ihrem Einzugsgebiet, kennen wir mediterrane Importpflanzen wie Koriander, Pflaume und Feige.“* (A. Kreuz)

Fotos: A. Kreuz

Pflanzenfunde werden durch Vergleich mit heutigen Pflanzenteilen bestimmt

Die römischen Eroberer beendeten die keltische Herrschaft und brachten in ihre Gebiete ein gänzlich anderes Landwirtschaftssystem. In Hessen sind hierzu pflanzliche Großreste aus 17 römischen Fundstellen des 1.–3. Jahrhunderts nach Christus untersucht worden. Zu den Ergebnissen kommt nun die unerhörte Informationssteigerung dank der antiken Schriftquellen: Die römische Landwirtschaft war im Gegensatz zur keltischen auf die ertragstärksten Kulturpflanzen beschränkt und konzentrierte sich vielerorts auf den Gartenbau. Neben den atypischen Einzelhöfen, die „villae rusticae", entstanden unter der römischen Herrschaft Städte und Dörfer, in denen potentielle Käufer landwirtschaftlicher Produkte saßen. Günstige Abnehmer waren auch die mehreren tausend stationierten römischen Soldaten, die aus fernen Ländern kamen und an fremdartige Speisen gewöhnt waren. Grund genug, für Bauern und Händler angemessene Voraussetzungen zu schaffen. Mit der Kultur von vielen Gartenobstsorten, Gemüsen, Kräutern und Nüssen und nicht zu vergessen: mit dem Weinanbau, also mit für uns heute ganz selbstverständlichen Dingen, kamen köstliche neuartige landwirtschaftliche Erzeugnisse durch die Römer nach Hessen.

Systematische archäologische Untersuchungen der Botanik begannen in Hessen im Jahr 1990 im Zusammenhang mit Projekten, die von der Deutschen Forschungsgemeinschaft (DFG) gefördert wurden. Bei dieser Gelegenheit wurde von der archäologischen Arbeitsgruppe eigens das Datenbankprogramm „ArboDat" entwickelt. Derzeit sind darin mehr als 1,4 Millionen Bestimmungen von mehr als 500 Pflanzenarten aus 93 Fundstellen erfasst. Der Datenbestand erlaubt Aussagen zu Landwirtschaft und Umwelt von den jungsteinzeitlichen Anfängen im 6. Jahrtausend vor Christus über die Zeiten von Kelten, Germanen und Römern bis ins Mittelalter. (A. Kreuz)

Verkohlte Pflanzenreste aus einem Ofen

Oberhalb des rekonstruierten Fürstengrabhügels am Glauberg in der Wetterau wurde im Frühsommer 2008 zudem einer der größten archäobotanischen Gärten Deutschlands angelegt. Hier wurden vor allem Nutzpflanzen angebaut, die die Kelten vor 2500 Jahren kannten und sich schmecken ließen: Löwenzahn, Brennnesseln, Erbsen, Linsen oder auch Walnüsse. Eine solche Nuss wurde von den Archäologen nämlich in einer Kanne entdeckt, die sie auf dem Glauberg ergraben hatten.

Fotos: Christine Krienke

Eine hölzerne Sensation

Die gotische Kaufhalle in Limburg an der Lahn

Dass die Stadt Limburg seit dem frühen Mittelalter eine besondere wirtschaftliche, politische und geistliche Bedeutung hatte, verdankt sie in erster Linie ihrer geographischen Lage. Nicht nur, dass Limburg im Mittelpunkt des sich im Aar-, Ems-, und Elbtal fortsetzenden fruchtbaren Limburger Beckens liegt, sondern weil sich in ihm zugleich bedeutende alte Straßen kreuzen, von denen die „Hühnerstraße" seit 791, die „Hohe Straße" seit 812 und die so genannte Koblenzerstraße als „strata publica" seit 881 in den Quellen

erfasst sind. Wahrscheinlich befand sich an dieser wichtigsten Furt der mittleren Lahn schon zur Merowingerzeit eine Straßensicherung in Form von befestigten Baulichkeiten. Das Grafengeschlecht des Niederlahngaues, die Herrschaft Limburg, hatte hier seit 821 ihren Sitz.

Die älteste Siedlung lag wahrscheinlich östlich des Burgberges, eine ehemals ummauerte Vorstadt entstand im 11.–12. Jahrhundert – gefolgt von einer planmäßigen Stadterweiterung im 13. Jahrhunderts bis zu den heutigen Straßenzügen: Untere und Obere Grabenstraße, Großer Eschhöfer Weg und Lahnstraße. Diese stürmische Entwicklung der Stadt signalisiert eine große Blütezeit, die sich aus dem überaus regen Handel und aus dem Erfolg des tüchtigen Handwerks und Gewerbes ergab. Die Limburger Chronik des Stadtschreibers Tilemann Ehlen von Wolfhagen zumindest entwirft ein lebendiges Bild dieser Epoche. Dass in jener Zeit die Bautätigkeit kolossal angeregt wurde, ist in der Limburger Altstadt an der Fülle malerischer Straßen und Platzbilder noch immer zu erkennen.

Isometrische Konstruktion des Fachwerkgefüges von 1289

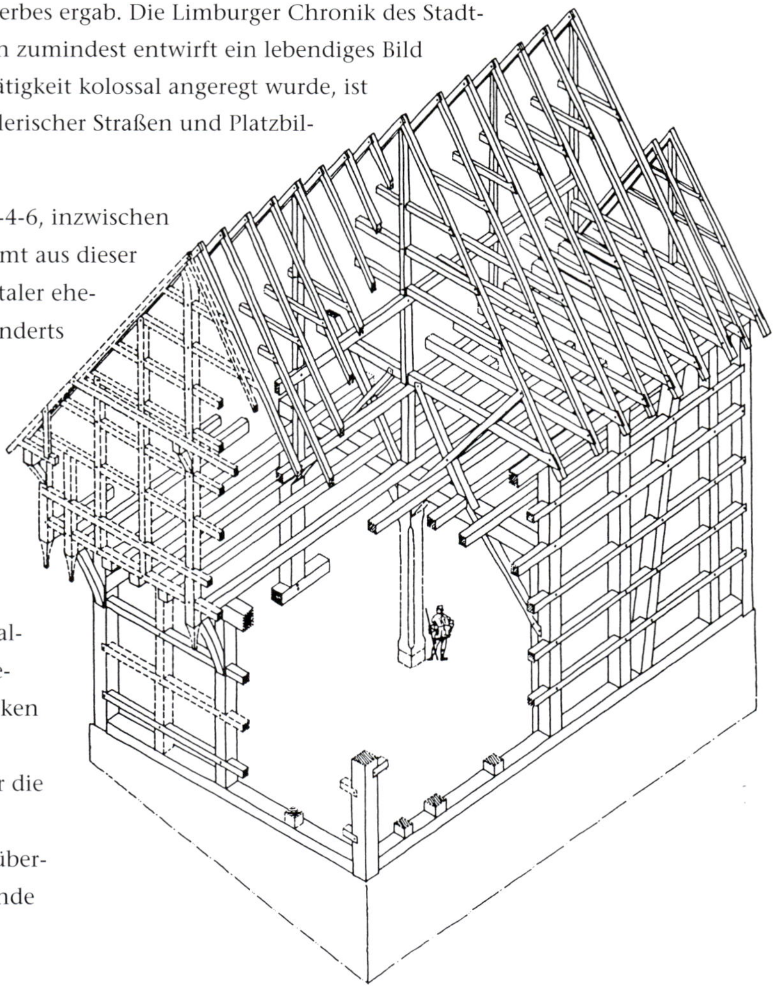

Das ehrwürdige Kaufmannshaus Römer 2-4-6, inzwischen besser bekannt als „Gotisches Haus“ stammt aus dieser Bauzeit: Das Hallenhaus ist als monumentaler ehemaliger Ständerbau des späten 13. Jahrhunderts (ein Vorgängerbau existierte allerdings schon ab 1200) mit zwei qualitätvollen Umbauphasen in späterer Zeit ein Denkmal von nationaler Bedeutung. Grundlage des Gebäudes ist ein weiträumiger Keller von fünf Metern Höhe, über dem ein großzügiger ebenerdiger Hallenraum mit zentraler Holzsäule und Längsbalkendecke lag. Er umfasste das ganze Erdgeschoss und diente vor allem zu Lagerzwecken und als Verkaufsraum. Als Erbauungsjahr wurde 1289 festgestellt, eine Sensation für die Geschichte des Holzbaus in Deutschland, denn neben dem fast komplett aus 1289 überlieferten Dachstuhl blieben auch bedeutende

Rekonstruktion des Zustandes nach Errichtung 1289

Teile des aufgehenden Wandaufbaus über mehrere Geschosse und die wesentlichen konstruktiven Merkmale des Ursprungsbaues aus der Gotik erhalten.

1581 bis 1583 sowie 1610 fanden umfassende und das heutige innere und äußere Erscheinungsbild des Hauses prägende Umbauten statt. 1660 wurde zudem das bis dahin einheitlich genutzte Haus entlang der Längsachse unter zwei Eigentümern aufgeteilt. Die wissenschaftliche Bearbeitung des Gebäudes durch Hausforscher und Bauhistoriker erlaubte eine stichhaltige Rekonstruktion seiner mittelalterlichen Gefügekonstruktionen und belegte, dass der Fachwerkbau des 13. Jahrhunderts bereits über ein unvermutet breites und hoch entwickeltes Repertoire bautechnischer Möglichkeiten verfügte. Darüber hinaus spiegeln die unterschiedlichen Bauabschnitte und Renovierungsmaßnahmen (vom großzügigen Vorgängerbau über die verschiedenen architektonischen Formen patrizischer Repräsentationsansprüche des späten 13. bis frühen 17. Jahrhunderts bis hin zur Aufteilung in marode Behausungen unterster sozialer Schichten im 18. und 19. Jahrhundert) in höchst anschaulicher Weise den wechselvollen Verlauf der städtischen Wirtschafts- und Sozialgeschichte. (Verena Fuchß)

Fotos: Christine Krienke

Ein Bilderbogen der Baugeschichte

Die ehemalige Burganlage in Limburg an der Lahn

Seit einiger Zeit ist die gesamte Limburger Altstadt zum Sanierungsgebiet erklärt worden. Der finanzielle, planerische und administrative Aufwand und der hohe denkmalpflegerische Anspruch richteten sich dabei auf ein Stadtdenkmal, das den Rang eines Gesamtkunstwerks innehat – begünstigt durch die Lage und die Topographie der unverwechselbaren Stadtkrone von Stiftskirche und Burg auf dem steilen Felssporn über der Lahn. Dies alles schafft eine einzigartige Silhouette, die ihren Reiz fast ungetrübt über die Jahrhunderte bewahren konnte. Limburg wurde bei diesem Großprojekt indes nicht museal als *„überdimensionale Bildpostkarte unterm Glassturz konserviert“* (R. Bentmann), sondern zeitgemäß als Wirtschaftsstandort, Wohnumfeld und soziales Milieu revitalisiert.

Die Burg auf dem Kalkfelsen über der Lahn (das Initialbauwerk für die Ansiedlung und spätere Stadt) entstand, so die Forschung, auf dem fast ebe-

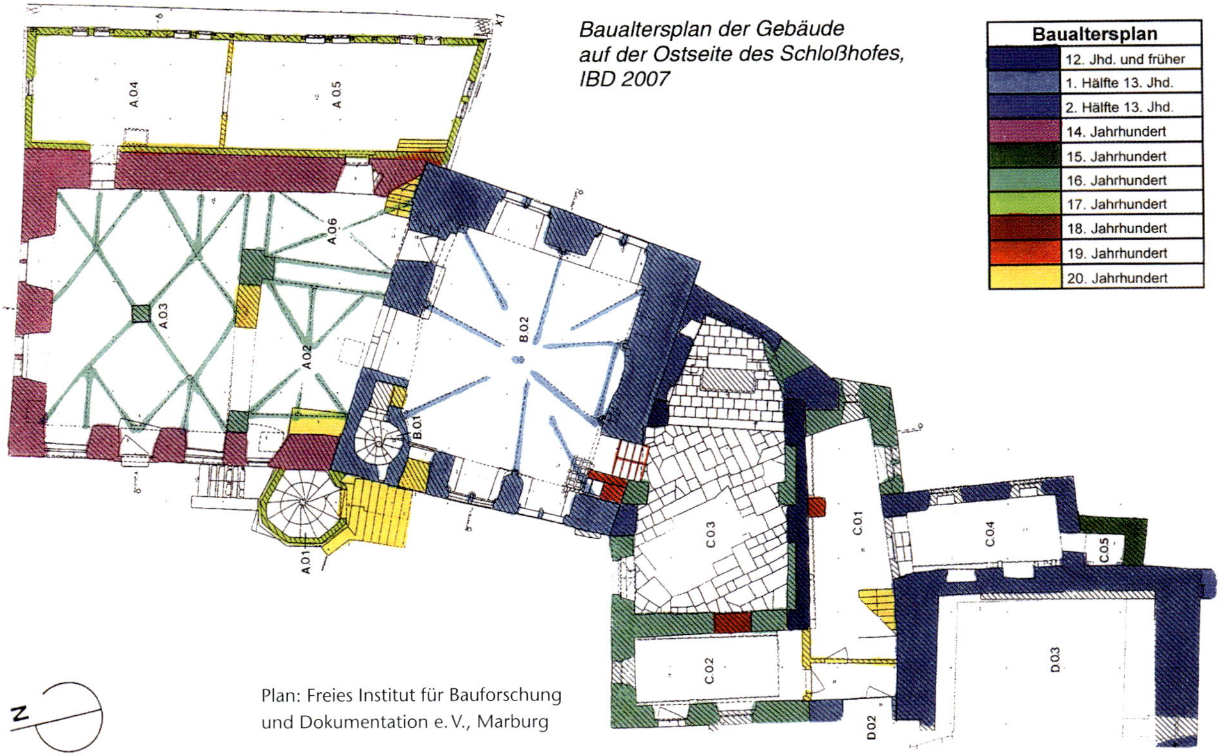

Baualtersplan der Gebäude auf der Ostseite des Schloßhofes, IBD 2007

Plan: Freies Institut für Bauforschung und Dokumentation e. V., Marburg

nen Bergplateau des Domhügels in frühkarolingischer Zeit. Die in Schriftquellen greifbare Baugeschichte beginnt freilich erst 910, als der letzte Karolingerkönig dem Grafen des Niederlahngaues seinen Fronhof Oberbrechen mit allem Zubehör, Hörigen und der Berger Kirche schenkte, damit er mit diesem Besitz seine Kirche auf dem Berg Lintburk, die er dort zu bauen im Begriff stand, ausstatten könne. Bei der Gründung handelte es sich um ein Chorherrenstift, das dem Heiligen Georg geweiht war.

Südöstlich der Stiftskirche lag die Kernburg. Der bauliche Gesamtkomplex auf dem Bergplateau (mit der Ummauerung des Burgbezirks) lässt sich allerdings erst seit dem Hochmittelalter festmachen. Die weitere Baugeschichte der Burganlage ist so komplex und facettenreich, dass wir uns vor allem dem bildhaft ablesbaren Wandel der Gesellschaft mit all ihren Formationen und Strukturen widmen: Jede Entwicklungsphase einer Gesellschaft hat auch bei den Baulichkeiten, die sie sich schafft, ihre Standards und Muster der Lebensgestaltung, genuine zivilisatorische und ästhetische Bedürfnisse. Die „formation professionelle“, die stark ausgeprägte Neugier der Archäologen und Bauhistoriker, erschloss uns auch in dieser Hinsicht das kunstvolle Ensemble, das wir heute vor Augen haben.

Schon das „Alte Schloss“ ist eine malerische Zweiflügelanlage aus Gebäuden unterschiedlicher Entstehungszeiten. Der älteste erhaltene Bau ist die dem Heiligen Petrus geweihte

Burgkapelle im Eckbereich der Anlage. Sie wurde in ein Gebäude der ersten Hälfte des 16. Jahrhunderts einbezogen und überbaut – in einem laut Inschrift 1534 errichteten Bruchsteinbau. Der sich nördlich anschließende, heute unverputzte Wohnturm aus Bruchsteinmauerwerk besetzt das Zentrum des östlichen Flügels. Der Bau über quadratischem Grundriss entstand nach französischen und italienischen Vorbildern in der Zeit um 1250. In beiden Geschossen befinden sich repräsentative Festsäle mit jeweils sehr ansprechender Raumausstattung.

Ein prächtiger und wirkungsvoller Fachwerkbau, mit geschweiftem Zwerchgiebel besetzt zum Hof hin den nördlichen Bereich des Ostflügels. Hier befand sich ursprünglich die Küche. Die gesamte Südseite des Burghofes wird von einem zweistöckigen Saalbau mit Treppenlaube beherrscht, der nach einem Brand 1929 in den Jahren 1934/35 wieder hergestellt wurde. Bauhistorische Untersuchungen zeigten, dass es hier einen östlichen Kernbau von 1297 gab, der im späteren 15. Jahrhundert auf die heutige Länge erweitert wurde.

Vor der Eingangsseite zum Burghof sehen wir das so genannte „Neue Schloss" mit einem kleinen ummauerten Garten. Das eingeschossige Gebäude wurde 1710 erbaut. Es könnte noch aus der Zeit des Chorherrenstif-

Foto: Albrecht Meydenbauer

tes stammen, weil es zusammen mit dem ehemaligen Kurtrierischen Amtshaus (Kolpingstraße 9) und dem Hospital (Hospitalstraße 2) zu den wenigen Barockbauten Limburgs gehört. Mit seiner harmonischen Proportionierung und seiner schlichten Aufmachung ist es ein qualitätvolles Beispiel für die Profanbaukunst dieser Zeit. Seine Funktion galt in erster Linie der Kurtrierischen Administration, später richtete man darin Dienstwohnungen für die Mitarbeiter ein. 1968 ergab sich ein durchgreifender Umbau des Erdgeschosses für die Domsakristei.

Von nassauischer und preußischer Zeit bis heute wurden die Gebäude der Burganlage zum Teil vermietet und dienten unterschiedlichsten Zwecken: etwa als Stadt- und Diözesanmuseum sowie bis heute als Stadtarchiv und als Institut für Lehrerausbildung. Es gab Versuche, Teile des Ensembles zu verkaufen, denn die Bauunterhaltung und Pflege ist außerordentlich aufwändig. Indes konnte bislang kein Käufer für eine dem hochkarätigen Denkmalkonglomerat angemessene und verträgliche Nutzung gefunden werden.

Paradies der Paläontologen

Die Grube Messel im Landkreis Darmstadt-Dieburg

Die amerikanische Literatur hat eine wunderbare Formulierung für die Vision vom wieder gefundenen Paradies entwickelt: „The last good place". Ein Traumbild, das der Fundstätte bei Messel durchaus entspricht. Die hier etwa ein Quadratkilometer großen und fast 200 Meter starken eozänen (der älteren Tertiärzeit angehörigen) Ölschiefervorkommen enthalten überreiche subtropische und tropische Pflanzen- und Tierfossilien, die etwa 47 Millionen Jahre alt sind. Unzählige Funde wurden an diesem Ort gemacht: 60 Familien der Blütenpflanzen, Algen, Pilze und Farne, über 30 Arten fossiler Säugetiere, mindestens ebenso viele Arten von Amphibien und Reptilien, 15 Arten fossiler Vögel, sowie zahlreiche wirbellose Tiergruppen, unter denen insbesondere die Insekten dominieren. Und diese kleine Aufzählung deckt beileibe nicht alle großartigen Funde ab.

Thomas Keller, Paläontologe des Landesamtes für Denkmalpflege Hessen spricht deshalb enthusiastisch auch von dem „Pompeji der Paläontologie". Paläontologie („Versteinerungskunde") ist die Wissenschaft von den Fossilien. Ein Forschungszweig, der bis ins Altertum zurückreicht. So inspirierten beispielsweise die Reste ausgestorbener großer Tierformen schon früh zu den Sagen von Drachen und Riesen. Gegen Ende des 17. Jahrhunderts, das durchaus noch religiös ausgerichtet war, deutete man die Fossilien als Reste der in der Sintflut zugrunde gegangenen Lebewesen. Besonders in der ersten Hälfte des 19. Jahrhunderts wurden viele aufgefundene Fossilien in großen Tafelwerken beschrieben. Wenig später erhielt die Paläontologie dann einen ungeahnten Aufwind

Foto: Christine Krienke

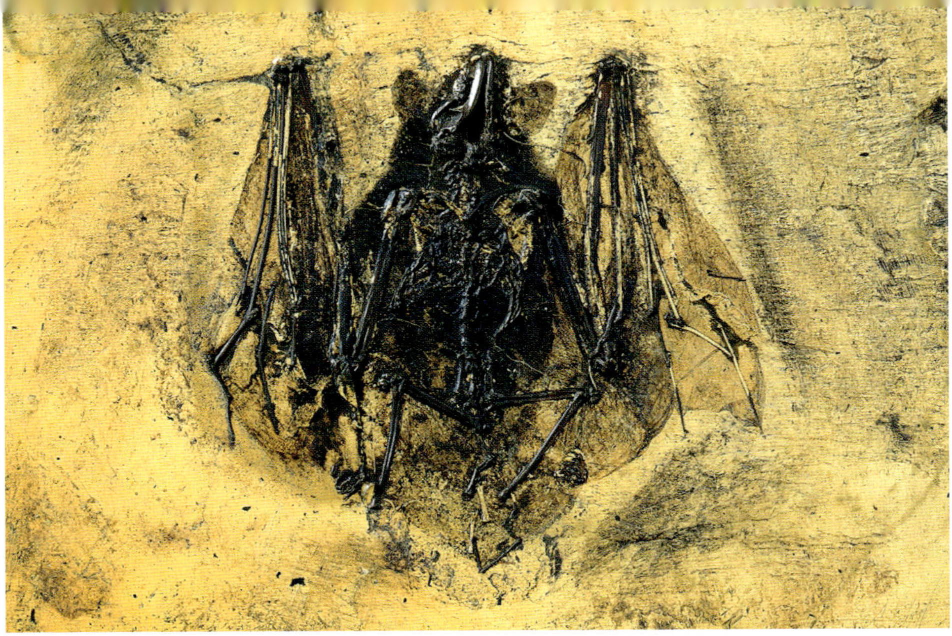

Palaeochiropteryx tupaiodon

Foto: W. Fuhrmannek, Hessisches Landesmuseum Darmstadt

Diplocynodon darwini

durch die Abstammungslehre – und in der modernen Welt bietet sie einen tiefen Einblick in das Leben vergangener Erdzeitalter.

„Das Messeler Sediment eines kleinen Urwald- und Süßwassersees ist zu den ganz seltenen Konservat-Fundstellen zu rechnen, denn die fossilen Pflanzen und Tierreste sind ganz überwiegend vollständig, oft mit der Erhaltung fossiler Weichgewebe, wie Häuten, Haaren oder Federn. Dieser Umstand ermöglicht eingehende Studien zur Ökologie und Stammesgeschichte von fossilen Organismen, wie sie nur bei wenigen Fundlokalitäten möglich sind."
(Th. Keller)

Die Urzeitforscher sind somit Zeugen der evolutionären Entwicklungsgeschichte und des Entwicklungsstadiums der Tier und Pflanzenwelt.

Wie entscheidend der weltweite wissenschaftliche Austausch unter den Paläontologen ist, zeigt ein kürzlich aufgefundenes Fossil einer so genannten „Krallenfledermaus" in den Vereinigten Staaten, die vor etwa 52,5 Millionen Jahren ihren letzten Flug unternommen hat. Dieses Tier ist der älteste bekannte Vorfahre der heutigen Fledermaus, wobei die Analyse des Skeletts deutlich machte, dass diese Tiergattung zunächst das Fliegen lernte und erst später mit der für sie charakteristischen Echoortung begann. Fledermäuse erzeugen Ultraschalltöne und werten die zurückgeworfenen Echos aus. Dies ermöglicht ihnen, sich sicher durch die Luft zu bewegen, Hindernissen auszuweichen und fliegende Insekten zu erbeuten.

Das amerikanische Fledermausfossil wurde nach Frankfurt gebracht und dort ausgewertet. Denn am Senckenberg-Institut sind zahlreiche Fledermausfossilien aus der Grube Messel untergebracht. Und: An den rund 47 Millionen Jahre alten Messeler Fledermäusen haben Senckenberg-Forscher bei Untersuchungen am Innenohr schon vor geraumer Zeit klare Hinweise auf eine bereits praktizierte Echoortung gefunden.

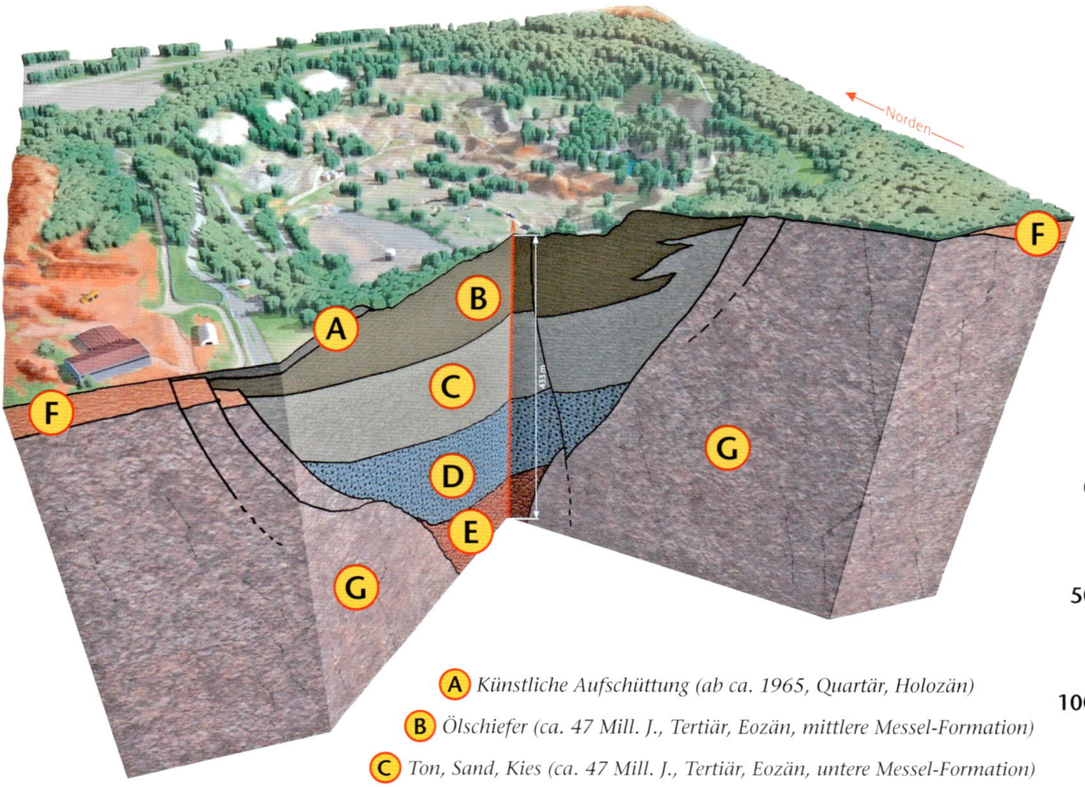

Grafik: Cube

(A) *Künstliche Aufschüttung (ab ca. 1965, Quartär, Holozän)*
(B) *Ölschiefer (ca. 47 Mill. J., Tertiär, Eozän, mittlere Messel-Formation)*
(C) *Ton, Sand, Kies (ca. 47 Mill. J., Tertiär, Eozän, untere Messel-Formation)*
(D) *Tuff (ca. 47 Mill. J., Tertiär, Eozän)*
(E) *Diatrembreccie (ca. 47 Mill. J., Tertiär, Eozän)*
(F) *Rotliegendes (ca. 280 Mill. J., Perm)*
(G) *„Kristallines Grundgebirge" (ungegliedert, ca. 320 Mill. J., Karbon)*

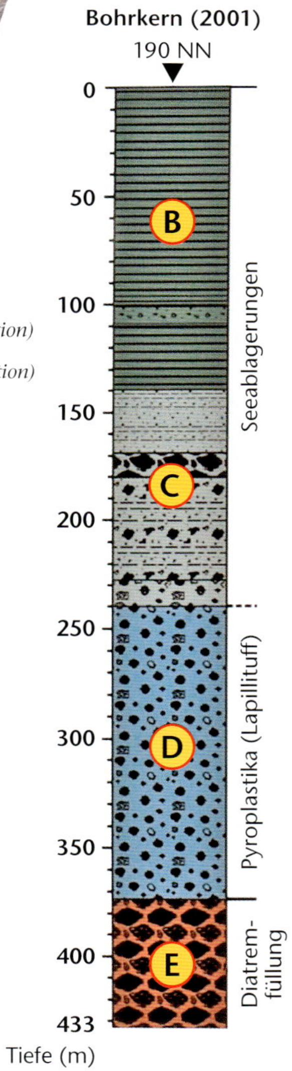

1995 wurde das Boden- und Kulturdenkmal Messel als einzigartiges Naturerbe-Denkmal der Menschheit in Deutschland anerkannt und für die wissenschaftliche Forschung dauerhaft gesichert. Das war keine Selbstverständlichkeit, denn die berühmte Fossilienlagerstätte war zwei Jahrzehnte lang als zentrale Abfalldeponie vorgesehen gewesen. Erst beharrliche Proteste aus aller Welt, anhaltende Demonstrationen und glücklicherweise auch einige technische Mängel des Tiefdeponie-Konzeptes führten zur Aufgabe dieses Planes.

Der bitumenhaltige Ölschiefer wurde in Messel übrigens über ein Jahrhundert bergmännisch gewonnen. Der große Krater des Tagebaus zeugt von diesen Aktivitäten, die (weil unrentabel) 1971 eingestellt wurden. In der tiefsten Grubensohle von 100 Metern ist aber ein beträchtlicher Anteil nicht abgebauten Ölschieferverkommens verblieben. Hier hat sich der Ölschiefer in einem Becken, womöglich vulkanischer Entstehung, angehäuft. Geologische Befunde sprechen dafür, dass dort ein kleiner, sehr tiefer Urwaldsee lag, der über einige Zehntausende von Jahren Bestand hatte. Messel-Fossilien sind im Heimatmuseum der Kommune, im Hessischen Landesmuseum in Darmstadt und im Naturmuseum Senckenberg in Frankfurt am Main ausgestellt.

Fundstelle von Relikten landlebiger Saurier

Die Korbacher Spalte im Landkreis Waldeck-Frankenberg

Im Gegensatz zum Messeler Sediment, in dem Pflanzen- und Tierreste überwiegend vollständig erhalten sind, nennt man die Korbacher Fossiliensammlung ein Konzentrat sortierter und stark fragmentierter Überreste. Das heißt: In der Korbacher Spalte finden sich vor allem kleine bis kleinste, dafür aber sehr zahlreiche Knochenfragmente.

In dem aufgelassenen Steinbruchareal fällt dem Besucher sofort eine vertikale Erdspalte auf, die innerhalb der Karbonatgesteine der Zechsteinzeit des Oberperms liegt. Das Perm ist das jüngste System des Paläozoikums, dessen Beginn vor 280 Millionen Jahren festgelegt wurde und vor 225 Millionen Jahren endete. Der hier einsehbare Bereich gehört dem geologischen Strukturraum der Waldecker Scholle an, die seit dem späten Erdmittelalter um bis zu 200 Meter gegen den Ostrand des Rheinischen Schiefergebirges und den Kellerwald abgesunken ist. (Th. Keller)

Diese Erdspalte wurde schon früh als Erdbebenspalte gedeutet: Gesteinsbänke rieben sich aneinander, wobei sich zwei Schollen unterschiedlich stark neigten. In Folge eines tektonischen Prozesses knickte dabei die südliche Scholle deutlich stärker ab. Durch diese Neigung entstand ein Hohlraum, der wegen des stetig einströmenden Wassers immer größer wurde. Gerade bei unwetterartigen Regengüssen wurden in den Hohlraum lockeres Gestein, aber auch zerfallene und verwitterte Skelettteile von Sauriern gespült, die nach und nach die Erdspalte füllten. Keller erklärt: *„In der Paläontologie bilden derartige Hohlräume einen eigenen Fundstellentyp. Über schmale, meist verborgen liegende Zugänge können in solche Spalten weitere Gewässer eindringen, die Staub und organische Partikel mit in die Tiefe führen. Werden die oberflächlichen Zugänge nach der Auffüllung der Spalte durch neue Ablagerungen plombiert, ist damit zerstörender Erosion ein Riegel vorgeschoben, die Erhaltung über geologische Zeiträume möglich."*

Fotos: Monika Nikolic

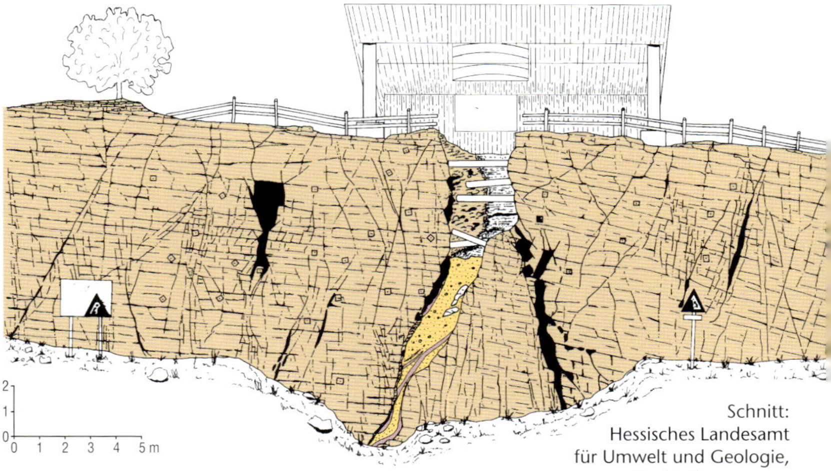

Schnitt:
Hessisches Landesamt
für Umwelt und Geologie,
Dr. H. Heggemann

Die Fossilienfunde der Korbacher Spalte sorgten 1988 für Aufsehen, denn in Mitteleuropa hatte man bislang keine Knochen von Reptilien gefunden. Ausschließlich aus Südafrika und Sambia waren der Wissenschaft solche Wesen bekannt. Die Stammformen dieser säugetierähnlichen Gattungen entstanden aus amphibischen Vorfahren, die sich durch Jahrmillionen der Anpassung zu landlebenden Sauriern entwickelten.

Man braucht ein wenig Fantasie, um sich das ausgehende Erdaltertum (die perm-zeitliche Erde) in seiner geographischen Formation vor Augen zu führen: Die Kontinente waren damals noch zu einem riesenhaften Super-Kontinent verbunden, der sich im Bereich der südlichen Hemisphäre befand. Nur durch die Überwindung gewaltiger räumlicher Distanzen, können die festgestellten artgleichen Saurierfunde zustande gekommen sein.

Da die Korbacher Grabungsfragmente vielfach sehr rudimentär und lückenhaft sind, wird es noch eine gute Weile dauern, bis der Artenbestand der Reptilfauna am Fundort verlässlich erfasst ist. Erleichternd ist dabei, dass einige der bereits identifizierten Saurierarten sehr gut von vollständigen Skelettfunden, insbesondere aus Südafrika, bekannt sind. Der plumpe reptilische Pflanzenfresser der Gattung „Dicynodon", der wenig mehr als einen Meter Größe erreicht, könnte etwa ein Korbacher Verwandter sein.

Das Museum der Kreisstadt Korbach, 2002 mit dem Museumspreis der Sparkassen-Kulturstiftung Hessen-Thüringen ausgezeichnet, bietet eine aktuelle Sammlung von den in der Korbacher Spalte entdeckten Saurierresten. Besonders aufschlussreich ist dabei ein Diorama der permzeitlichen Tierwelt. Gleichermaßen sehenswert ist auch die Ausstellung zur Geologie und zur Lagerstättenkunde der Region. Die Spalte selbst liegt einen Kilometer südlich von Korbach an der B 252. Wegen des errichteten festen Schutzdaches über der Fundstätte ist sie von der Straße aus erkennbar.

„Eine würdige Ausschmückung, die wir alle so lieben"

Das Tapetenzimmer in der Hallenburg zu Schlitz

Die kleine Bergstadt Schlitz ist eine wunderhübsche Residenz, die durch die Entschlusskraft und die Baulust der Herren von Schlitz seit 1116 kontinuierlich Gestalt annahm. Seit 1317 trägt das Grafengeschlecht den Zunamen „von Görtz".

Der eindrucksvolle Burgenring umschließt vier Stadtburgen, die Kirche, den Marktplatz und wenige Wohnbauten. Um 1400 kam zur Verstärkung die Stadtbefestigung als Wehr- und Stützmauer hinzu. Besonders an der Westseite ist die Stadtmauer noch auf einer längeren Strecke erhalten. Die Plätze, an denen ehemals das Ober- und das Niedertor standen, bilden noch heute die einzigen Stadtzugänge. Hier wollen wir jedoch vor allem von der Hallenburg sprechen, die außerhalb des mittelalterlichen Stadtberings liegt. Ursprünglich handelte es sich dabei um ein befestigtes Hofgut, das im 16. Jahrhundert ausgebaut wurde. 1708 wurde die Burg nach den zeitgenössischen Komfort- und Repräsentationsbedürfnissen von Remy de la Fosse, dem bedeutenden Barockbaumeister, in ihre gefällige Form gebracht.

Fotos: Monika Nikolic

Leider wurden 1755 wesentliche Teile des stattlichen barocken Schlossbaus durch einen Brand zerstört. Ein Neubau stand an, den Graf Carl Heinrich (1752–1826) ab 1802 klassizistisch umgestalten ließ: Das ursprünglich zweigeschossige Gebäude mit Mansarddach wurde durch ein drittes Geschoss verändert und die Gartenfront erhielt ein Mittelrisalit und eine Freitreppe. Zudem wurde der barocke Garten der Mode gemäß anglisiert.

Von vorrangigem Interesse sind aber die verbliebene Innenausstattung, die im Wesentlichen aus dieser Umbauphase stammt, sowie das Tapetenzimmer, von dem nun die Rede sein soll. Dieses Zimmer erhielt seine berühmte chinesische Tapete durch den Weltreisenden Carl Heinrich, der die Kunst um 1820 mitgebracht hatte; eine Landschaftsmalerei auf insgesamt sechs großen, papierenen Tapetenbahnen. Diese Tapete stellte durchaus eine Sensation dar und fand in den Anekdoten „Heimat" der Gräfin von Schlitz (1822–1889) enthusiastisch Erwähnung: *„Er (der Urgroßvater) schaffte ihm (dem Saal) eine schöne und würdige Ausschmückung durch die chinesische Tapete, die wir alle so lieben. Auf gelblichem Grund sind sehr naturgetreu, in reicher Abwechslung und in niemals sich wiederholender Zeichnung eine Fülle von blühenden Bäumen, Vögeln und Schmetterlingen zu sehen. Die Tapete ist Handmalerei, Aquarell, überaus fein und geschmackvoll gemalt."*

Gemalte chinesische Dekors waren Ende des 18. Jahrhunderts in den Schlössern große Mode. Untersuchungen und Vergleiche mit ähnlichen chinesischen Tapeten der Zeit führen zu der berechtigten Vermutung, dass die gelobten Bögen aus Londoner Werkstätten kamen, in denen Chinesen gewissermaßen im „Teamwork" arbeiteten, wobei jeder für bestimmte Details zuständig war. Erfreulich ist vor allem, dass sich die Ausstattung in der Hallenburg noch an ihrem ursprünglichen Platz befindet. Dem Umstand, dass das bemalte Papier direkt auf die Wand geklebt wurde (was keineswegs üblich war), ist es zu verdanken, dass sie seit dem Ende des 18. Jahrhunderts ihren Platz nicht gewechselt hat.

Bis 1954 blieb das Schloss Hallenburg in gräflichem Besitz, dann wurde es der Stadt übereignet, die das Gebäude fortan als Gymnasium nutzte, was freilich gravierende bauliche Eingriffe mit sich brachte. Nur der Gartensaal und das Musikzimmer (Tapetenzimmer) blieben unverändert, weil die Statik der Räume für Klassenzimmer unzureichend war. Der überwiegende Teil der zauberhaften Ausstattung des Schlosses wurde mit der neuen Nutzung leider zerstört. Nach der Verlegung der Schule stand das Gebäude einige Zeit leer. Dann beschloss die Landesregierung in den 90er Jahren, das Schloss Hallenburg zur Landesmusikakademie umzunutzen – Anlass für eine umfassende Restaurierung der Hallenburg und des Tapetenzimmers gleichermaßen.

Die restauratorischen Voruntersuchungen zeigten die starken Schäden, die durch die mangelnde Pflege und den unsachgemäßen Umgang mit der Kostbarkeit entstanden waren. Vandalismus verletzte nicht nur die Tapete, einzelne Motive waren einfach herausgeschnitten worden. Gleichzeitig verschandelten Wasserränder das Papier, das stark gedunkelt war. Die Schadenskartierung zeigte zudem Schimmelbefall, ungeschulte Übermalungen und hässliche Gipsausbesserungen. Partiell hatte sich die Tapete auch vom Untergrund gehoben.

Hier gab es nur eine Möglichkeit der Rettung: trockenes, mechanisches Ablösen der Tapete. Sie wurde mit der Makulaturschicht vom Lehmputz in ganzen Bahnen abgenommen. In einem auf Papierrestauration spezialisierten Atelier wurden die Panneaux sodann sensibel bearbeitet. Nach einer Grundreinigung führte man die Retuschen der Fehlstellen in der Manier des Pointillismus aus, wobei große Fehlstellen malerisch auf chinesischem Papier ergänzt wurden. Um das Zerfließen der Tusche zu verhindern, tränkte man das Papier vorab mit Alaun. Zu guter Letzt wurden die Bahnen komplett zum Schutz mit einer Gelatinelösung übersprüht.

In Anbetracht der neuen Nutzung des Schlosses als Landesmusikakademie, bei der mit starkem Publikumsverkehr zu rechnen ist, hat man die Bahnen auf dickes Japanpapier gespannt und sie in Holzrahmen an der Wand befestigt. Auf diese Weise ist die kunstvolle handgearbeitete Wandbekleidung leichter zu pflegen und partiell nach Bedarf abzunehmen. Schloss Hallenburg, erstklassig restauratorisch aufgearbeitet, strahlt nun wieder in angemessener Schönheit, und das Tapetenzimmer bietet die Erlesenheit von einst.

Kind und Bärentatze

Das Mädchengrab im Kaiserdom in Frankfurt am Main

Obwohl erst spät in den Quellen genannt und noch später als Stadt begründet, hat Frankfurt eine reiche Vergangenheit im Altertum. Im Stadtgebiet sind dabei vor allem drei archäologische Zonen zu unterscheiden: Im Norden und Westen trägt das Niddatal eine alte Besiedlung mit Schwerpunkten südwestlich des heutigen Stadtteils Praunheim, auf dem „Ebel“ und im benachbarten „Heidenfeld“, westlich des heutigen Stadtteils Heddernheim, das das damalige römische Zentrum im Frankfurter Raum war. Und in der Mitte auf dem Domhügel an der Mainfurt finden wir die antike Keimzelle der späteren Stadtentwicklung.

Am Ufer des Mains entstand im 4. Jahrhundert zuerst eine alemannische Siedlung. Während Siedlungsspuren der Völkerwanderungszeit allerdings recht spärlich sind, entfaltete sich seit dem 6. Jahrhundert im ganzen Stadtgebiet die merowingische Reihengräberkultur (am besten bekannt aus der Altstadt, aus Sindlingen und vor allem vom Praunheimer Ebelfeld), deren Nekropolen über fast alle vor- und frühgeschichtlichen Perioden reichen. Schon in spätmerowingischer Zeit erhielt der Königshof auf dem Domhügel einen steinernen Ausbau, wozu die römischen Ruinen am gleichen Ort das Material boten. 793 taucht dieser Herrschersitz dann als „Villa Franconovurd“ und als Schauplatz des Konzils und der Reichsversammlung von 794 in der Geschichte auf.

Fotos: Denkmalamt Frankfurt am Main

Der in der Altstadt ergrabene steinerne Pfalzgrundriss westlich des Domes dürfte aber erst auf einen Neubau Ludwigs des Frommen verweisen. Diese Frankfurter Pfalz wurde 822 in Benutzung genommen und gewann in der Folgezeit zentrale Bedeutung innerhalb des ostfränkischen Reiches. Baulich waren bis vor wenigen Jahren nur die Spuren ihrer sakralen Osthälfte, der 852 geweihten Salvatorkirche, im Kern des Domes und im nordsüdlichen Verlauf der Höllgasse erhalten. In spätkarolingischer oder erst ottonischer Zeit wurde der Domhügel mit der Pfalz dann durch einen Mauerring befestigt.

1994 feierte die Stadt Frankfurt ihre 1200-Jahr-Feier, die sich auf die erste urkundliche Erwähnung bezog. Karl der Große hatte 794 alle weltlichen und geistlichen Würdenträger seines Reiches zu einer Reichssynode gerufen. In Vorbereitung dieses Ereignisses konnten im Rahmen einer umfassenden Bausanierung des Domes vorbildliche archäologische Grabungen durch das Frankfurter Denkmalamt durchgeführt werden. Grabungsleiterin war Andrea Hampel.

Im strengen Sinne ist der Frankfurter Dom gar kein Dom, weil die Stadt zu keiner Zeit Bischofsitz war. Der Titel „Dom" ist der Kirche aber schon seit dem Mittelalter zuteil geworden. Wohl, weil sie nie nur eine Pfarrkirche war, sondern stets eine weit darüber hinaus reichende Bedeutung hatte. Nicht nur, dass die Kirche in dieser Zeit geistliches Zentrum Frankfurts war, seit 1356 wurde sie auch per Gesetz zum Ort der deutschen Königswahlen und seit 1562 zudem zur Stätte der Königskrönungen.

Der gewaltige Restaurierungsprozess im Dom hat wichtige Erkenntnisse und Erfahrungen zum historischen Baugeschehen und der Bauabfolge erbracht. An dieser Stelle kann aber nur ein ganz spezieller Fund vorgestellt werden: mit der Entdeckung eines Kindergrabes und der Mauerreste zweier weiterer Vorgängerbauten. Die Grabungen haben zweifelsfrei zutage gebracht, dass an dieser Stelle zwei Kirchen aus der Zeit vor 852 existiert haben. Einmal handelt es sich dabei um eine Saalkirche mit einem geraden Mauerabschluss im Osten, die in Breite und Länge dem Mittelschiff der späteren Basilika entsprach. Und im Vorgang eine einfache, zweiräumige, rechteckige Kirche von zwölf

Metern Länge und sechs Metern Breite. In der Nordwestecke dieser kleinen Kirche fand sich ein reich ausgestattetes Kindergrab: Das vier- bis fünfjährige Mädchen war in seiner Tracht mit einer Menge Grabbeigaben beigesetzt worden; darunter auch christliche Attribute. *„Diese Vermischung von heidnischem und christlichem Symbolgut repräsentiert die religiöse Situation in der Spätmerowingerzeit."* (A. Hampel)

Die Vielzahl und Art der reichen Beigaben zeichnen das Kind als Angehörige eines vermögenden Adelsgeschlechtes aus, da ein so inhaltsreicher und opulenter Fund in Frankfurt noch nirgendwo geborgen werden konnte.

Der Baubeginn des frühen Sakralraumes muss vor 700 gelegen haben. Auch dies lässt darauf schließen, dass Frankfurt ein bedeutender Stützpunkt im Merowingerreich war. Der Plan der Grabkammer mit den Beigaben verzeichnet übrigens 25 Objekte: in erster Linie Schmuckstücke, aber auch Gegenstände des täglichen Gebrauchs wie Eisenmesser, Schere und Pinzette, mit Speisen gefüllte Töpfe, Holzeimer und Holz- sowie Glasbecher. In den Bereich der religiösen Fundstücke gehört eine bronzene zylindrische Amulettkapsel mit anhängendem Deckel. Als Besonderheit gilt zudem die Beigabe von Knochenbrand, der nahe der rechten Hand als Häufchen im Grab vorhanden war. Die Knochenanalyse zeigte, dass es sich dabei um drei verschiedene Lebewesen handelt, neben einem jungen Schwein sind nachweislich auch die Tatzen eines Bären verbrannt worden. Das dritte aber war eindeutig ein weiteres Kind, das verbrannt worden war. Wiewohl verschiedentlich Brandbestattungen aus fränkischen Gräberfeldern bekannt sind, bleibt einzigartig, dass hier Brandbestattungen mit einer Körperbestattung zusammen in ein Grab gelegt wurden. In der Regel werden Knochenreste, die als Fleischbeigaben gelten können, nämlich unverbrannt ins Grab gegeben (A. Hampel). Noch fehlen vergleichbare Funde, und so muss die Deutung vage bleiben.

Die kunstvollen Grabbeigaben und die sonstigen Überreste aus der Grabkammer sind im Dommuseum Frankfurt am Main zu besichtigen.

Fotos: Christine Krienke

Vom Winde verrüttelt

Der gotische Dachstuhl der Marienkirche in Gelnhausen

Nachdem Friedrich Barbarossa im Jahr 1170 die Stadtrechte an Gelnhausen verliehen hatte, begann die eigentliche Baugeschichte der dortigen Marienkirche. Das imposante Wahrzeichen der Stadt wurde auf der Stufe eines Berghanges an der Nordseite des Kinzigtales aufgebaut, ging aber ursprünglich aus einer sehr schlichten Kirche hervor, die Anfang des 12. Jahrhunderts durch das Selbolder Prämonstratenserstift errichtet worden war. Wegen der wachsenden Bedeutung Gelnhausens als Pfalzort, Handelsstadt und Stätte mehrerer Reichtage entschied das Kloster aber zu Beginn des 13. Jahrhunderts, dass es passend sei, der Kaiserstadt ein adäquates, würdevolles Gotteshaus zu stiften.

Ein Baumeister namens Heinrich Vingerhut wurde nach Gelnhausen gerufen, der, obwohl er an französischen Vorbildern geschult war, zugleich der rheinischen Bautradition verhaftet blieb. Vingerhut gelang es, ein in der Geschichte der Baukunst einzigartiges Werk des Übergangs zu schaffen: Die Wandgeschlossenheit der romanischen Bauten der Zisterzienser wurde mit dem Gliederreichtum und den Durchdringungen der Baumasse der frühen französischen Gotik vereint. An prägnanten Bauteilen wurden im 13. Jahrhundert der Ausbau der Ostpartie mit Vierungsturm, der Chorflankentürme über den

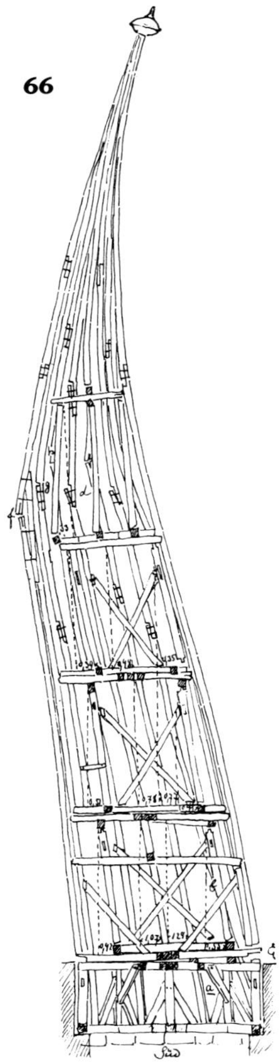

Der Schiefe Turm. Zeichnung von H. von Schmidt, 1877

Nebenapsiden sowie im Rahmen der Umgestaltung des Langhauses die Verlängerung des südlichen Seitenschiffes bis zur Flucht des Westturmes vorangetrieben.

Im späten 14. und in der ersten Hälfte des 15. Jahrhunderts folgten der Anbau der im Südosten gelegenen Sakristei sowie die Erhöhung der beiden Seitenschiffe. Hinzu kam der Annexbau einer Prozessionskapelle. Mit diesen Baumaßnahmen hatte die Kirche ihr endgültiges architektonisches Profil und Aussehen gefunden. Wiewohl die Marienkirche im Verlauf des Dreißigjährigen Krieges erhebliche Einbußen der mittelalterlichen und spätmittelalterlichen Substanz erlitt, ist es nachgerade ein Wunder, dass sie in ihrem Baubestand und ihrer Ausstattung doch so viel Bedeutsames in unsere Zeit retten konnte.

1876 wurde mit der ersten systematischen Restaurierung der Marienkirche begonnen. Hierbei wurde auch über das Schicksal der Bekrönung des südlichen Chorflankenturmes entschieden, der in eine gefährliche Schieflage geraten war. Tatsächlich wurde die Bekrönung umgelegt und – gerade – wiederaufgebaut. Die Bekrönung des nördlichen Chorflankenturmes blieb unberührt, da sie unverformt geblieben war. Das gesamte Dachwerk zeigte schon früh überdeutliche Spuren seines hohen Alters: Im Grunde musste es fortlaufend gepflegt und immer wieder repariert werden. Archivarisch belegt sind Reparaturen aus den Jahren 1529, 1535, 1818, 1876/77 und schließlich 1957. Naturgemäß waren dabei die Türme immer besonders betroffen. In der Hauptsache mussten ihre Holzverbindungen gesichert werden, die durch das beständige Rütteln des Windes an der Bekrönung auszureißen drohten.

Als man 1986 abschnittsweise mit einer neuerlichen Restaurierung der Marienkirche begann, um die Außenhaut der Steine vor dem Verfall zu bewahren, musste diesmal über das Schicksal des nördlichen Chorflankenturmes entschieden werden. Die Sachverständigen kamen zu einem bedenklichen Schadensbild: gerissene Verbindungen, fehlende Holzteile und eine mangelhafte Verankerung im Mauerwerk. Ein Einstürzen beim nächsten Sturm wurde befürchtet. Die Statiker forderten daher eine sichere, berechenbare neue Konstruktion. Die Denkmalpfleger drangen dagegen auf Überlegungen, die alte Konstruktion in die neue zu integrieren und sie damit zu erhalten – hatte doch die Altersbestimmung mittels dendrochronologischer Untersuchung ergeben, dass die Bekrönung des Turmes schon in den Jahren 1280–1284 errichtet worden war. So geschah es, dass man die erhaltungsfähigen Partien des Stuhles übernahm. Selbstverständlich blieb auch das Konstruktionsprinzip das alte: Sparren, waagerechte Kehlbalkenlagen, die sie gegen

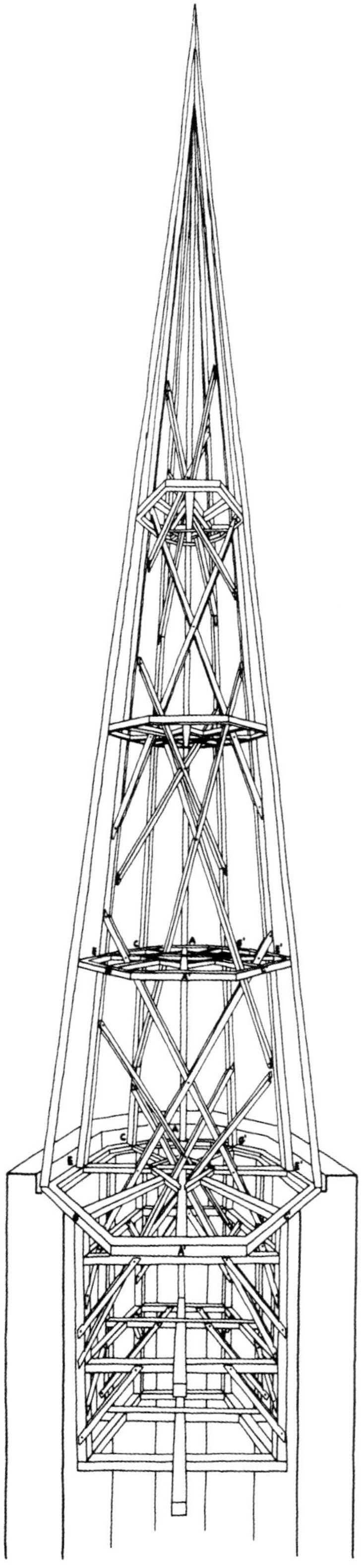

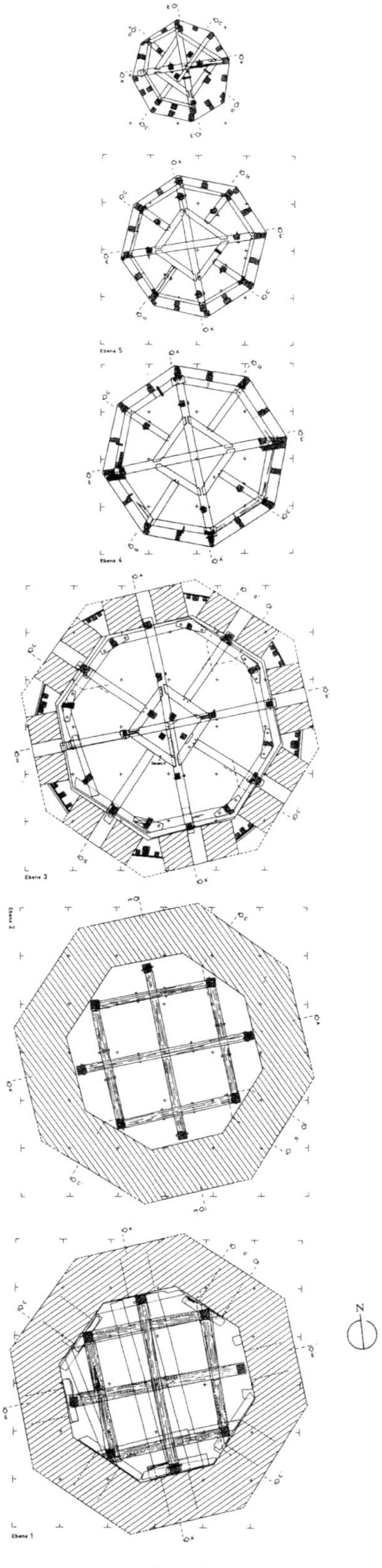

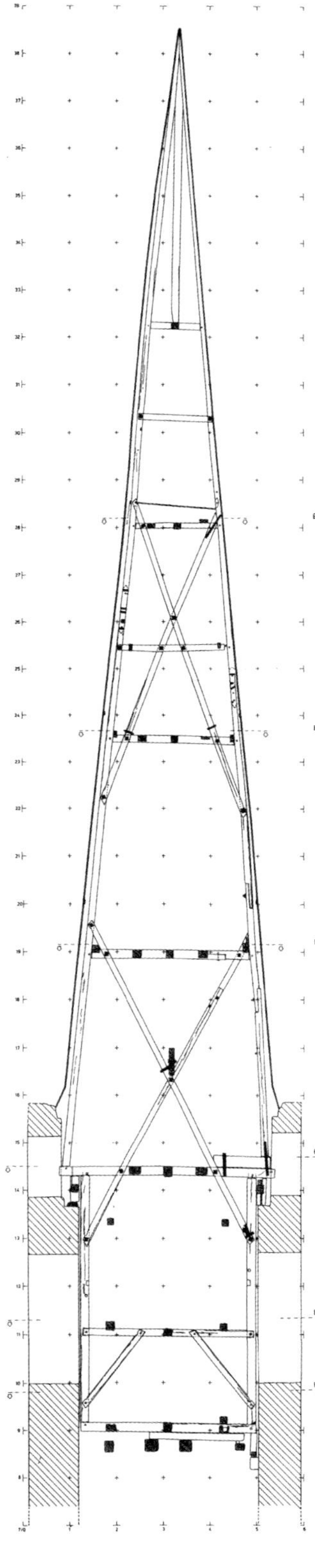

6. Ost-West-Schnitt durch die Turmbekrönung. Bauaufnahme IBD, Marburg.

Einknicken aussteifen, und diagonal gespannte Zugseile, die Wind und Torsionslasten aufnehmen. Die alten Gratsparren wurden an Ort und Stelle belassen, jedoch durch jeweils zwei neue Sparren ergänzt. Die alten Balken (verbunden mit den Andreaskreuzen), wurden von den neuen Kehlbalkenlagen durchschnitten und von Stahlschrauben zusammengehalten. Mit dem Steinturm ist das hölzerne Dach durch Zugseile verspannt, die an die jetzt in das Mauerwerk eingelassenen Eisenplatten befestigt und teils diagonal, teils senkrecht hoch geführt sind. (Th. Ludwig)

Das Gefüge des 13. Jahrhunderts blieb erhalten, unumgänglich war gleichwohl eine zusätzliche, von der historischen Konstruktion unabhängige Festigung. Die übrigen Dachstühle mussten zum Teil ganz abgebaut werden, weil bei ihnen wegen unsachgemäßer Eingriffe in der Vergangenheit eine Reparatur nicht mehr möglich war. Freilich wurden auch sie nach bauhistorischen Untersuchungen weitestgehend mit den noch verwendungsfähigen Hölzern wieder aufgeschlagen. Das dabei eine Menge Ausbesserungen an verfaulten Knotenpunkten an Dachbalken und an Fußpunkten der Sparren und Streben das Zimmerhandwerk herausforderte, machte der Architekt Hessberger, der die Bauüberwachung betrieb, sehr anschaulich. Die Dachstühle des Vierungsturmes sowie der des südlichen Chorflankenturmes konnten direkt durch Auswechslung verbrauchter Holzteile instandgesetzt werden. Sämtliche Dächer wurden anschließend mit Naturschiefer neu eingedeckt.

Das ist der Hammer!

Die Rettung eines Hallentorhauses in Diemelstadt-Orpethal

Im Waldecker Land, im nördlichen Hessen, gibt es entlang des Flüsschens Diemel eine Hauslandschaft, die noch ganz von der niederdeutschen Baukultur geprägt ist. Mensch, Tier und Vorrat sind dabei unter einem Dach vereint. Für diese Lebensart hat das „Diemeltorhaus" regional unterschiedliche Mischformen entwickelt, deren Charakteristika von der Hausforschung gründlich bearbeitet worden sind. Auch Michael Neumann hat sich damit befasst und referiert: *„Ob im Alten Land, in Lüchow Dannenberg, im Lipperland, in Tecklenburg oder im Diemelland – allen ist die große Diele gemeinsam, die den gesamten Hausbereich einnimmt. Die Diele teilt das Gebäude in einen rechten und einen linken Bereich und bietet ein überdachtes, zweigeschossiges Quartier, indem sowohl die Ernte eingefahren, das Vieh versorgt, das Korn gedroschen, als auch die Festtafel gedeckt werden kann."*

Heutzutage bereitet dieser Haustyp, den wir auch als „Niedersachsenhaus" oder „Dielentorhaus" kennen, durch seine Größe und seine riesigen Einfahrtstore erhebliche Probleme bei einer Nutzung, die dem ursprünglichen, bäuerlichen Betrieb entgegensteht.

Fotos: Monika Nikolic

Das stattliche Anwesen in Diemelstadt-Orpethal, von dem hier die Rede ist, stand Jahrzehnte leer, in denen es auch keine Bauunterhaltung gab. 1692 als Vierständerbau erbaut, wurde es glücklicherweise in seiner jahrhundertealten Existenz durch keinerlei bauliche Eingriffe unangemessen verändert oder gar verunstaltet. Es gehörte zum Komplex eines Hammerbetriebes, der seit dem 16. Jahrhundert an den Mühlengräben der Orpe Eisen verhüttet hatte. Von besonderem baugeschichtlichen Interesse ist der vierfach vorkragende Hauptgiebel, an dem eine üppige florale Schnitzornamentik angebracht ist und aus dessen Balkenköpfen sehr ausdrucksstarke Fratzen, so genannte Neidköpfe, zur Abwehr der bösen Geister herausgearbeitet worden sind.

Bereits 1988 wurden vom Landesamt für Denkmalpflege Hessen eine Baubestandsaufnahme und ein Sanierungskonzept initiiert und finanziert, die die Befürchtungen bestätigten, dass eine standsichere Nutzbarkeit dieses heruntergekommenen Gebäudes im höchsten Grade arbeits- und finanzaufwändig sein würde. Starke Verformungen hatten sich ergeben, insbesondere durch das Abfaulen der Schwellen am Mühlengraben und das willkürliche und ahnungslose Heraussägen von Deckenbalken. Der endgültige Zusammenbruch des künstlerisch wohl wertvollsten Vierständerhauses der Region konnte letzt-

Fotos Neidköpfe: H. J. Römer

lich einige Jahre später nur durch die überaus hilfreiche Gründung des „Fördervereins Pickardshammer Orpethal“ verhindert werden. Gewiss nicht wenig folgenreich war auch die Anschubsfinanzierung der Bausanierung durch die Landesbehörde.

Die erfolgreiche Rettungsaktion begann damit, dass der Förderkreis Eigentümer der Liegenschaft wurde und zügig mit den Sanierungsarbeiten begann. Die ersten vorzeigbaren Ergebnisse waren die Zimmermannsarbeiten nach traditionellen Handwerksmethoden: Die morschen Balken und solche, die im Laufe der Jahrhunderte herausgesägt worden waren, wurden durch gut abgelagertes Eichenholz ersetzt. Viele der Holzverbindungen und Fußpunkte, so berichtete Neumann, waren so faul, dass sie sich wie Zwieback brechen ließen. Auch das Fachwerkgefüge des Hauptgiebels war, wie sich nach genaueren Untersuchungen herausstellte, in den Eckzonen bei weitem stärker vermodert, als vermutet, sodass nur noch eine zimmermannsgerechte Rekonstruktion helfen konnte. Anschließend folgten die Wiederherstellung der Stakung und die Lehmausfachung in der ursprünglichen Handwerkstradition. Dabei erfordert schon die richtige Lehmmischung meisterliches Wissen, wie auch die Gefachausmauerung mit Lehmsteinen und die partielle Reparatur der alten Lehmstakung.

Foto: H. J. Römer

Der „Förderkreis Pickhardshammer e.V." machte sein Projekt mit Fleiß populär und fand so viele Bewunderer, dass die Akquisition von Spenden- und Fördergeldern zügig gelang. Das Amt für Regionalentwicklung, Landschaftspflege und Landwirtschaft stieg ein, die Sparkassenstiftung Waldeck-Frankenberg half mit, das Arbeitsamt Korbach stützte das Unternehmen mit Beiträgen zu den Lohnkosten und viele andere Spender halfen mit.

Als die Standsicherheit des Hallentorhauses wieder hergestellt und die Außenschale geschlossen war und auch die rekonstruierten Fenster frisch poliert glänzten, legte der Förderkreis ein Nutzungskonzept vor. Neben der Aufgabe, das hochkarätige Baudenkmal zu erhalten, gab es weitere Ziele: im Pickhardshammer ein Dokumentationszentrum der Hämmer und Mühlen („Kraft durch Wasser") zu schaffen, soziokulturelle Initiativen im ländlichen Raum aufzubauen und diese mit geeigneten Räumlichkeiten im Baudenkmal zu fördern. Das alles ist aufs Schönste gelungen.

Während der laufenden Sanierungsarbeiten tauchte zur Überraschung aller ein Besucher aus den Niederlanden auf: Hans Pickhard aus Udenhout. Der Niederländer ist nicht nur ein Nachfahre jenes Curdt Pickhard, der 1591 auf dem Pickhardshammer arbeitete, sondern auch Ahnenforscher. Gerade die Kirchenbücher der Gemeinden Rhoden und Orpethal gaben ihm Auskunft über seine Vorfahren: Die Pickhards bewohnten die Schmiedehämmer an der Orpe und auch der Ottenshammer, der etwa 500 Meter entfernt lag, gehörte der Familie. Bis 1789 wohnten und arbeiteten hier drei Familien an zwei Feuern. 1852 wurden diese beiden Hämmer mit dem Rothshammer, dem Biggenhammer und dem Zeinhammer zur Gemeinde Orpethal vereinigt. Das den Nachfahren der Pickhards gehörende Eigentum ging bereits Anfang des 19. Jahrhunderts an einen in der Diemel- und Orpegegend sehr begüterten Mann, den Bergrat Sude, über.

Fotos: Christine Krienke

Geheimnisvolle Riesen

Der Menhir in Langenstein im Kreis Marburg-Biedenkopf

Dem Kulturabschnitt der Jungsteinzeit werden die Menhire zugeordnet: große aufrecht stehende Steine, von denen der Menhir von Langenstein nicht nur dem Ort, sondern auch dem dazugehörigen Ortsadel seinen Namen gegeben hat, „von Langenstein". Dieses Geschlecht, das schon im 14. Jahrhundert ausstarb, hatte seinen Ansitz auf dem ehemaligen Wehrkirchhof.

Dem geheimnisvollen Riesenstein, der zu allen Zeiten die Menschen zutiefst beeindruckte, ja, sie vielleicht sogar verunsicherte, hat man im Mittelalter eine Kirche zur Seite gestellt – möglicherweise, um den Aberglauben und das Heidentum zu bannen? Das Nordportal des im Kern romanischen Rechteckbaus ist in einer Wand des Neubaus vermauert; der aus dem Beginn des 16. Jahrhunderts stammt.

Das Wort „Menhir" kommt aus dem Keltischen und bedeutet nichts anderes als „Langer Stein" (men = Stein, hir = lang). Die Deutung dieser monolithischen Steinmale ist übrigens nach wie vor nicht geklärt. Zweifellos gehören sie, da sie keine praktische Funktion besitzen, in den kultischen Bereich. Zu denken ist etwa an den Grab- oder Totenkultus, als Ort religiöser Feiern oder auch als Erinnerungsmal. Es sind Denkmäler, die immer auch eine Rolle im Volksglauben spielten; oftmals verbunden mit magischen Praktiken oder Fruchtbarkeitszaubern.

Schon in der Vorzeit haben die Menhire die Vorstellungskraft und Fantasie der Menschen angeregt. Die archäologischen Kulturdenkmäler sind von Frankreich über das Oberrheingebiet und Hessen bis nach Mitteldeutschland verbreitet und wurden zu ihrem größeren Teil vermutlich im Zuge megalithischer Kulturerscheinungen im 4. und 3. Jahrtausend vor Christus errichtet. (F.-R. Herrmann)

Einen weiteren Menhir, den so genannten „Wodanstein", kann man vor dem Ort Maden im Schwalm-Eder-Kreis besichtigen. Dieser prähistorische Menhir kommt erstmals 1408 in den Annalen vor. Ob Hün- oder Riesenstein, Hinkelstein, Kindstein oder Gluckenstein: Sehr viele dieser Riesen sind nicht auf uns gekommen, obwohl – wenn man den vielen entsprechenden Flurnamen folgt – eine Vielzahl aufgestellt gewesen sein muss. Gelegentlich werden bei Tiefpflügearbeiten noch früher verlochte, vergrabene Menhire zutage gefördert. Es sind archäologische Denkmale, die größten Schutz verdienen.

Über die Wirksamkeit des Maiglöckchens

Der „hortus medicus" von Johann Christian Senckenberg

Am 28. Februar 1707 wurde der Arzt Johann Christian Senckenberg in der Hasengasse in Frankfurt geboren. Sein unermüdlicher Einsatz für das Gemeinwohl und das Gesundheitswesen seiner Vaterstadt gipfelte 1763 in der Gründung der „Dr. Senckenbergstiftung", der er sein gesamtes Vermögen vermachte. Zu Lebzeiten verwendete Senckenberg seine Mittel vor allem auf die Anlage und Erweiterung einer bedeutenden Sammlung von Büchern, getrockneten Pflanzen, Mineralien, anatomischen Präparaten, wissenschaftlichen Instrumenten, Münzen und in Kupfer gestochenen und gemalten Portraits.

1768 begannen in Frankfurt am Main auf dem Gelände der Senckenbergischen Stiftung am Eschenheimer Turm die Bauarbeiten für den ersten Botanischen Garten der Stadt. Dieser Garten sollte im Besonderen die Heilkunde fördern, aber auch die Versorgung bedürftiger Kranker verbessern. Auf Wunsch des Stifters sollte der Garten als Hortus medicus (Arzneipflanzgarten) vornehmlich Heilpflanzen enthalten und zur Belehrung von Ärzten, Apothekern, Chirurgen und Hebammen dienen. Senckenberg, der über die Wirkung der Beeren der Maiglöckchen promoviert wurde, war ein ausgezeichneter Kenner einheimischer Medizinalpflanzen und bevorzugte sie auch in seinen ärztlichen Verordnungen.

Fotos: Christine Krienke

In früheren Zeiten war die Botanik keine eigenständige Wissenschaft, sondern eine wichtige Teilwissenschaft der Medizin. Dies änderte sich im 18. Jahrhundert mit dem Wirken des schwedischen Naturforschers Carl von Linné, dessen 300. Geburtstag mit dem Senckenbergs im Jahr 2007 gefeiert wurde. Die Herren befanden sich zu ihrer Zeit im wissenschaftlichen Austausch.

Linné nannte sich selbst „Fürst der Botaniker" und „General über Floras Armee"; seine Gegner dagegen bezeichneten ihn als „Schweinigel", weil er die Pflanzen nach einem „Sexualsystem" klassifizierte, dem die Zahl ihrer Fortpflanzungsorgane, der Staubgefäße und Stempel, zugrunde liegt. Das System des „Fürsten" hat die Zeitläufe zwar nicht überdauert, sein Werk „Systema naturae" von 1735 ist aber unvergessen. Es bildet die Grundlage der modernen biologischen Systematik. Pflanzen, die vorher wortreich und inkonsequent beschrieben worden waren, klassifizierte er bündig nach Gattung und Art. Dank seiner binären Nomenklatur wissen Gärtner heute über Sprachgrenzen hinweg, wovon bei „Liriodendron tulipifera" und „Crambe cordifolia" die Rede ist, nämlich von Tulpenbaum und Meerkohl.

Ganz der Tradition des Arzneigartens verpflichtet und Senckenbergs Lehrbüchern (mit reichlich handschriftlichen Randbemerkungen) folgend, knüpfte die Universität Frankfurt zum 300. Geburtstag an die Tradition des Arzneigartens an. Der neue Garten wurde wie ein Heilpflanzenbuch mit dreizehn Kapiteln angelegt: In dreizehn Hochbeeten sind Pflanzen nach medizinischen Indikationen geordnet: Atemwege, Nerven, Krämpfe, Verdauung, Blutkreislauf usw. Einen puren Museumsgarten wollte man freilich nicht anlegen. Neuere wissenschaftliche Erkenntnisse über die heilende Wirkung der Pflanzen wur-

den berücksichtigt, da sich interessanterweise die Medikation so mancher Heilkräuter gewandelt hat. Zum Beispiel galt der „Weiße Senf" einst als Mittel gegen Epilepsie, Milz- und Leberleiden. Heute verschreibt man Senfpflaster gegen rheumatische Beschwerden und Atemwegserkrankungen. Und weil die Walnuss an die „Windungen des menschlichen Gehirns" erinnert, wurde ihr als Wirkung die Steigerung kognitiver Fähigkeiten zugeschrieben.

Insgesamt werden 150 wichtige Heilpflanzen mit umfangreichen Informationen zu ihrer Anwendung vorgestellt. Von einem zentralen Platz aus, an dem auch das Wasserbecken aus dem ersten Senckenbergischen Botanischen Garten steht, überblickt man alle mit mainfränkischem Muschelkalk-Trockenmauern eingefassten Beete des Arzneigartens.

Ursprünglich lag der etwa zwei Hektar große Garten zwischen der heutigen Stiftstraße und der Bleichstrasse. Fertig gestellt wurde er wahrscheinlich 1774, also erst nach Senckenbergs Tod (1772). Nach seiner Gründung musste er allerdings zweimal verlegt werden: Nach Geländeeinbußen am Gründungsort zog er an den Ostrand des Palmengartens. Dort diente er vor allem der Forschung des Senckenbergischen Instituts und der 1914 gegründeten Universität.

Das jetzige acht Hektar große Terrain wurde ab 1936 erschlossen. Beherrscht wird es von der pflanzengeographischen Abteilung. Sie stellt Pflanzengesellschaften der Nordhalbkugel, insbesondere Mitteleuropas, vor. Hinzu kommen unter anderem das Alpinum, der Arzneipflanzengarten und die Abteilung der „Vielfalt der Pflanzen".

Fotos: Museumslandschaft Hessen Kassel, Monika Nikolic

Eine Herkulesarbeit

Die Wassertechnik im Bergpark Wilhelmshöhe in Kassel

Der Schlosspark Wilhelmshöhe mutet heute als architektonisch und gartenkünstlerisch harmonische Einheit an, wenngleich er in seinen wesentlichen Strukturen und Elementen in einer Zeitspanne von nahezu 130 Jahren (von etwa 1700 bis 1830) entstanden ist. Die berühmten Wasserkünste des Parks wurden also in den Regierungszeiten von fünf Landgrafen gebaut: die barocken Karlsberg-Wasserkünste von etwa 1690 bis 1718, die große Fontäne Friedrichs II. vor Schloss Weißenstein ab 1760, die romantischen Wasser-

künste des Wilhelmshöher Landschaftsgartens ab 1785 – und seit 1825 der „Neue Wasserfall" unter Landgraf und Kurfürst Wilhelm II.

Vorbereitende Arbeiten am so genannten „Alten Winterkasten" („Kleiner Herkules") begannen bereits 1696, aber erst die Bekanntschaft des Landgrafen Karl mit italienischen Gartenanlagen (auf einer Italienreise 1699–1700) führte 1701 zur Berufung des italienischen Architekten Giovanni Francesco Guerniero. Sein Plan war möglicherweise der grandioseste, der in jener Zeit bei der Verbindung von Architektur und Natur gewagt wurde: eine architektonische und ingenieurtechnische Ausnahmeleistung sondergleichen.

Ein völlig anderes Gesicht erhielt der Park unter Friedrich II. unter dem Einfluss englischer Ideen. Die formalen Gestaltungsprinzipien der französischen Gartenkunst wurden durch die neue landschaftliche Gartenkunst abgelöst. In diesem Prozess sind die Gestaltungsphasen der Wasserkünste im Bergpark ein Spiegel der Entwicklungen in der Gartenkunst des 18. Jahrhunderts. Wir erleben einen wirkungsmächtigen Paradigmenwechsel: Das kunstvolle strenge Reglement gewollter Gartenkünstlichkeit verbindet sich mit der unregelmäßigen, scheinbar ungeordneten Landschaft. *„Die Bedeutung des Bergparks beruht neben seiner Hanglage darauf, dass sich unterschiedliche Stilstufen der Gartenkunst durchdringen."* (Jutta Korsmeier)

In Bezug auf das Wasser bedeutet dies, dass es zum einen in geometrische Formen gegossen und als fließende Substanz über Fontänen, Becken und Treppen herabstürzt, und dass es zum anderen im Landschaftsgarten als grundnatürliche Erscheinung integriert wird: als Bach und Fluss, als Teich und See, als Wasserfall und Quelle. Im Sinn der frühen Romantik entstehen so in einer idealisierten Landschaft vielfach verschlungene Wege und zahlreiche Wasserbauten: der Aquädukt mit den unterhalb liegenden kleinen Kaskaden, der Steinhöfer Wasserfall, der Höllenteich, der große Fontänenteich und der so genannte „Lac" unterhalb des Schlosses. Und im 19. Jahrhundert noch der gigantische „Neue Wasserfall."

Stich: ULB Darmstadt, Kartensammlung: Ansicht 3473 Bl. 1

Wolfang Christoph Mayr nach Johann Georg Fünck, „Prospekt des Carls Berges", Kupferstich um 1755

Die buchstäblich alles in Bewegung versetzende Wassertechnik ist eine grandiose Leistung der Ingenieure des 18. Jahrhunderts. Und: Diese historische Apparatur funktioniert bis heute. Naturgemäß ging die Planung der ausgeklügelten Zusammenleitung des Wassers auf dem Hochplateau des Habichtswaldes allen künstlerischen Konzepten voraus. Diese Idee ermöglicht es, tatsächlich ohne Pumpen und hydraulische Zusatzvorrichtungen die Wassermassen in überwältigendem Maßstab sprudeln zu lassen. Sind die feuchten Künste erst einmal in Betrieb, sind sechs Mitarbeiter damit beschäftigt, Schieber und Schleusen zu öffnen und zu schließen. Das Schauspiel startet zunächst in den beiden Wassertheatern, um sich dann über die große Kaskade, die anderen Stationen speisend, talwärts zu wälzen. Auch wenn über den Bergpark verschiedene Sammelbecken verteilt sind, die zusätzliche Zuleitungen verschiedener Quellen haben, gibt es einen zusammenhängenden Ablauf des Wassers über alle Wasserkünste des Bergparks.

Das Wasser der zahlreichen Quellen des Habichtswaldes im Westen Kassels wird zuvor in Becken und Speicherteichen, die hinter dem Oktogon im Park verteilt sind, gesammelt. Hinzu kommen die Grubenwässer der nicht mehr betriebenen Braunkohle-Bergwerke. Auch sie werden zusammengeleitet – genauso wie das Regenwasser und die Schneeschmelze im Frühjahr. Alle Wasservorkommen werden dann über Drainagegräben in das größte Sammelbecken geführt, dem Sichelbachteich. Bei 90 mal 70 Metern Größe und einer Tiefe von sieben Metern hat dieser Teich ein Fassungsvermögen von 40.000 Kubikmetern Wasser.

Der oberste Abschnitt der Bergparkanlage ist bekrönt von dem Oktogon, einem kolossalen, unbewohnbaren Riesenschloss, auf dessen pyramidenförmiger Spitze eine gewaltige Nachbildung des farnesischen Herkules emporragt. Aus dem Sichelbachteich nun führen zwei Verbindungen zu den Reservoirs hier am Oktogon, wobei eine als System kommu-

nizierender Röhren unterirdisch verläuft, während die andere Ableitung, der Sichelbachstollen, den Bergkamm 200 Meter zum Oktogon hin durchquert.

Man kann sich unschwer vorstellen, dass es im Kasseler Bergpark immer wieder Bereiche gab und geben wird, die einer Baustelle gleichen. Beständig und regelmäßig fallen an der kunstvollen Anlage Reparaturen und notwendige Pflegearbeiten an. Keiner der Landgrafen hat zu seiner Zeit Mühe und Kosten gescheut, diese Gartenkostbarkeit zu erhalten. Auch haben sie bisweilen aus ernstzunehmendem Dilettantismus und kulturpolitischem Ehrgeiz den Garten mit weiteren schmückenden Elementen wie Parkarchitekturen, Skulpturen, Staffagen und weiteren Wasserkunststücken bereichert. Zum Glück war man sich auch frühzeitig der denkmalpflegerischen Aufgaben und Pflichten einer solchen Anlage bewusst. Deshalb ist der einzigartige Bergpark wohlbehalten und seine sensationelle Wassertechnik noch intakt.

Komplexe Spuren der Geschichte

Die mittelalterlichen Glasfenster in der Klosterkirche Haina

Welch ein hoch differenzierter und umfassender Prozess die Restaurierungsarbeiten am Kloster Haina sind, zeigt der Restaurierungsbeginn an der Zisterzienserklosterkirche im Jahr 1984. Fast ein Vierteljahrhundert befassen sich nun die einschlägigen Institutionen mit dieser Herausforderung; das Landesamt für Denkmalpflege Hessen mit seinem Referat Restaurierung, das Forschungszentrum für mittelalterliche Malerei in Freiburg, internationale Kolloquien zum „Corpus Vitrearum", das Institut für Werkstoffwissenschaften an der Friedrich-Alexander-Universität in Erlangen und die Arbeitsgruppe „Geomikrobiologie" der Universität Oldenburg. Ein unmittelbares Ende des Verfahrens ist, zumindest was die Fensterrestaurierungen anbetrifft, nicht in Sicht. Gleichwohl gab es bereits einen Höhepunkt: Nachdem die Glasfenster ausgebaut und in die Restaurierungswerkstatt des Landesamtes nach Wiesbaden zur Untersuchung und Bearbeitung transportiert worden waren, konnte im Jahr 2003 der Wiedereinbau des großen Südquerhausfensters gefeiert werden.

Der umfangreiche Bestand der Kirche an hochgotischen Glasmalereien stammt aus der Mitte des 13. bis zum ersten Drittel des 14. Jahrhunderts. Das Generalkapitell des Zisterzienserordens hatte zwar 1134 bestimmt, dass Fenster *„weiß ohne Kreuze und Bilder"* zu sein hätten, doch da man sich in Haina offenbar wiederholt nicht an die Verordnung hielt, mussten die Anweisungen im Jahr 1182 nachdrücklich angemahnt werden: *„Gemalte Fenster sollen binnen zwei Jahren ersetzt werden; andernfalls fasten ab sofort Abt, Prior und Kellermeister jeden sechsten Tag bei Wasser und Brot, bis die Fenster ersetzt sind."* Die frühen Fenster standen allerdings tatsächlich noch fest in der Ordenstradition: In der Nordwand des Seitenschiffes befinden sich zahlreiche schlichte Grisaillefenster – teils mit geometrischen oder auch ornamentalen Teppichmustern, teils mit vegetabilischen Ornamenten wie Efeu, Ahorn, Wein- und Eichenlaub. Sind die Fenster im östlichen Teil der Kirche überwiegend mit geometrischen Bandgeflechten und stark stilisierten Zeichnungen versehen, so lockerte sich bei den jüngeren Fenstern die Darstellung des Blattwerkes unter dezenter Verwendung von farbigem Glas erkennbar auf. In der Rose des großen jüngsten Fensters der Westfassade ist eine kleine Kreuzigungsgruppe eingearbeitet (um 1335), dazu sehen wir ein Lamm, einen Löwen mit Jungen und einen Pelikan.

Mit der von Philipp dem Großmütigen initiierten Säkularisierung des Klosters im Jahr 1533 und der darauf folgenden Einrichtung eines Männerhospitals (vorwiegend für Geisteskranke) setzte ein stetig fortschreitender Verfall der Klosterkirche und damit auch der Glasfenster ein. Die profane Nutzung der Gebäude verstellte den sorgenden Blick für den geweihten Kirchenraum, so dass erst im 19 Jahrhundert umfangreiche Instand-

Fotos: U. Kunert

Fenster während der Restaurierung rechte Seite: gereinigt linke Seite: Vorzustand

Deutlich erkennbar sind die helleren Ergänzungen aus dem 19. Jahrhundert

Restauriertes Fensterfeld

Fotos: U. Kunert

Detail eines Fensterfeldes vor und nach der Abnahme der Ablagerungen

setzungsarbeiten begannen. Grundlage hierfür waren ein Gutachten des kundigen Denkmalpflegers und Architekten Friedrich Lange und eine zeichnerische Erfassung verschiedener Fenster in Form von Aquarellen von Gottlob Engelhard. (U. Haroska)

Eine Bestandsaufnahme mit Schadenskartierung wurde angefertigt und daraus ein schonendes Restaurierungskonzept entwickelt: Das mittelalterliche Bleinetz wurde in großen Teilen erhalten, notwendige Glasergänzung farbig ausgeführt und mit eingebrannter Schwarzlotfarbe behandelt. U. Haroska schreibt dazu: *„In einer späteren Restaurierungsphase wurden die Ergänzungsstücke mit nachträglich aufgebrachter öliger Kaltfarbe übermalt, um sie dem dunkleren Bestand anzugleichen."*

Im Zweiten Weltkrieg wurde die Verglasung ausgebaut und in Sicherheit gebracht. Begleitend zu dieser Maßnahme wurde eine vorzügliche Schwarz-Weiß-Fotodokumentation angefertigt, die in den späteren Jahrzehnten bei der Kontrolle neuerlich entstandener Schäden außerordentlich hilfreich wurde. Es stellte sich heraus, dass die Farbverglasung sichtbar an Transparenz verloren hatte, was mit der zunehmenden Korrosion und einer starken Verbräunung erklärt wird.

Die Maßnahme der jetzigen Fensterrestaurierung sieht eine weitgehende Konservierung des überkommenen Originalbestandes vor, wobei einzelne Schadensphänomene Sonderlösungen erfordern. Wichtig ist der Einbau einer von innen belüfteten Außenschutzverglasung, um die Scheiben vor den Belastungen der Witterung zu schützen, die Innenseiten müssen dagegen vor Schwitzwasser bewahrt werden. Zur Klärung von Schadensursachen werden naturwissenschaftliche Untersuchungen notwendig und die Geomikrobiologie stellt fest, dass die starke Innenkorrosion vor allem mit einer biogenen Besiedlung durch Pilze zusammenhängt.

Die unendlich aufwändige Bearbeitung der Glasoberfläche der mittelalterlichen Stücke, die großes Fachwissen und handwerkliche Könnerschaft verlangt, kann hier nicht einmal ansatzweise referiert werden. *„Alle Arbeitsschritte bei der Malschichtsicherung werden dabei unter Einsatz von Stereomikroskopen ausgeführt"*, berichtet der Werkstattleiter der Glasrestaurierungen Ulrich Haroska und beschreibt beredt, wie viele Details und Konzeptvarianten während der langjährigen Restaurierungsarbeiten korrigiert, überarbeitet und neu entwickelt werden mussten. Das oberste Ziel ist es, dass die originalen Bestände auch Anteile späterer Bauphasen erhalten und für den Betrachter die interessanten komplexen Spuren der Geschichte erlebbar bleiben.

Fotos: Monika Nokilic

Ein illustrer Renaissancebau

Das größte Festhaus Hessens in Fritzlar

Das malerisch gestufte Stadtbild Fritzlars liegt an einem nördlichen Steilhang über der Eder. Die Stadt bildete aufgrund ihrer Lage an einer Ederfurt den Mittelpunkt des althessischen Gebietes. Zudem kreuzten sich hier mehrere alte Verkehrszüge von Frankfurt ins sächsische Gebiet und von Westfalen nach Süden. Schon in der zweiten Hälfte des 12. Jahrhunderts fand die Entwicklung Fritzlars zur Stadt ihren Abschluss. Die damals gebaute etwa 2,5 Kilometer lange Stadtmauer ist noch heute zu großen Teilen erhalten. An der Spitze der Stadt standen damals der Stadtrat (seit 1217) und die beiden Bürgermeister (seit 1266). 1274 erwarb die Stadt als Rathaus ein aus dem 11. Jahrhundert stammendes steinernes Vogteihaus am Domplatz, das noch immer als Rathaus dient.

Der hier vorgestellte Wirtschaftshof, eine Grangie des Zisterzienserklosters Haina, entstand nach 1235 auf den Grundmauern bürgerlicher Steinhäuser. 1266, mit der Bürgermeisterwahl, wurde der stattliche Bau zwischen dem Marktplatz und der westlichen Stadtmauer erstmals „Stadthof" genannt, er blieb fast 300 Jahre ein wichtiger Wirtschaftsfaktor. Indes: Mit der Reformation in Hessen (1526) wurden die Hainaer Klosterbesitzungen, wie auch anderes geistliches Eigentum dem Stiftungsvermögen der ersten protestantischen Universität in Marburg zugeschlagen. Das herrschaftliche Bauwerk in Fritzlar verwahrloste daraufhin und verfiel. Es wurde zu seiner Rettung nach 50 Jahren von der Fritzlarer Bürgerschaft erworben, die auf eigene Kosten in Höhe von 3300 Talern über dem steinernen Erdgeschoss ein mächtiges Fachwerkhaus erbaute und sich damit das ansehnlichste Hochzeitshaus der Region einrichtete: 33 Meter lang, 12 Meter breit und 20 Meter hoch.

Der stolze Renaissancebau diente bis zum Siebenjährigen Krieg als bürgerliches Festhaus, freilich musste er fortan ein sehr wechselvolles Schicksal ertragen: Nach der Nutzung als Lazarett folgte eine Plünderung, danach war das fast entkernte Gebäude eine zeitlang gut als Frucht- und Holzspeicher, woraufhin es zu militärischen Zwecken genutzt wurde. Später diente es zeitweilig als Sitz der Stadtverwaltung, Gerichtsort und Gefängnis. Laufend folgten neue Nutzungsideen: als Theatersaal, als Kaserne, und schließlich von 1904 bis 1948 als Schule. Wiederum danach wurde das prächtige Fachwerkhaus eine Jugendherberge. Noch war der Nutzungswechsel aber nicht beendet: Nach dem Kriege fanden hier Flüchtlinge und Vertriebene eine Unterkunft, und erst seit 1955 begann die Stadt, Teile des Anwesens einer musealen Nutzung zuzuführen. Anlässlich des Hessentags in Fritzlar 1974 erhielt dieses Museum den offiziellen Titel eines „Regionalmuseums".

2005 stand eine gründliche Instandsetzung des Hauses an. Und der Sanierungsprozess begann wie üblich mit der restauratorischen Voruntersuchung und der Archivrecherche. Die sorgsame Bauschadensuntersuchung dokumentiert den Baubestand, beschreibt den Bauzustand und legte eine Schadenskartierung vor. Zudem wird ein Sanierungs- und Umbauplan für die Museumsnutzung entwickelt. Beratende Ingenieure übernehmen die

Bauüberwachung, während die denkmalpflegerische Beratung in der Hand der Experten des Landesamtes für Denkmalpflege Hessen liegt.

Auf Grund des besorgniserregenden Zustandes des Tragwerks wurde bereits in den 1920er Jahren eine zusätzlich innere Stützkonstruktion zur Entlastung der Außenwände eingebaut. Diese Stütze wurde im Zuge der Instandsetzung des ersten Bauabschnittes ergänzt und in die Raumnutzung integriert. Aber auch die Dachkonstruktion wies erhebliche Schäden auf und musste neu gerichtet werden. Die erhaltenen Biberschwanzziegel wurden erneut verwendet. Die ungehinderte Bewitterung und unsachgemäß oder nur oberflächlich ausgeführte ältere Reparaturen am Fachwerkgerüst hatten zu schlimmen Schäden geführt. Die Fachwerkfassade des Westvorbaus einschließlich der reich verzierten Eckstützen und Schwellen musste mit Eichenholz aus Zweitverwendung zu großen Teilen erneuert werden. Neben den wenigen erhaltenen Gefachen mit Eichenstaken und Weidenflechtwerk wurden die übrigen Gefache mit Stroh-Lehmziegeln ausgemauert. Auch an diesem Projekt wird deutlich, welch ein Zusammenspiel von Fachwissen und Können, wieviel alte Handwerkstechniken vonnöten sind, um eine dem Denkmal angemessene Instandsetzung bewerkstelligen zu können.

Foto: Christine Krienke

Die Illusion einer Gartenlaube

Das Badehaus im Schloss Fasanerie-Adolphseck in Fulda-Eichenzell

„Ich gestehe, dass ich gerne baue und schmücke." Diesen Ausspruch Friedrichs des Großen kann man wohlgemut den meisten Potentaten zuschreiben – allemal in der Barockzeit. Seit dem Mittelalter war das Bestreben der Fuldaer Fürstäbte nach Repräsentation überdeutlich, und im 18. Jahrhundert verfolgten sie mit besonderem Eifer das Ziel aller großen Fürsten: den Bau einer Sommerresidenz. Der „Bauwurm" hatte sie auffallend infiziert. Von 1739 bis 1750 erbaute sich der kunstsinnige Fürstabt Amand von Buseck das fantastische „Lustschloss Fasanerie" unter Einbeziehung eines Alten Schlosses – in dieser Zeit „Wilde Fasanerie" und „Adolfshof" genannt. Der Name „Adolphseck" kam erst in kurhessischer Zeit auf.

Der genannte Vorgängerbau war aus einem fuldischen Gutsbau entstanden und wurde nun zu einer wirkungsvollen Residenz erweitert. Der Enthusiasmus des Bauherrn für die Bauaufgabe wird vor allem an den eigenhändig angefertigten Skizzen deutlich, die mit den Plänen und unter der Leitung des Hofbaumeisters Andrea Gallasini umgesetzt wurden. Archivmaterialien mit handschriftlichen Randbemerkungen des Fürsten beweisen dessen Engagement eindrucksvoll. Eckpavillons und Zwischentrakte mit welschem Dach, Türme, eine Kirche, Ehrenhof und ein Mittelpavillon, den bis heute eine lange Allee (1759 – 1788) anläuft, sowie eine breite Gartenfront vor einem ausgedehnten, von Wasserkunst belebten Barockgarten, zeugen zudem von der Generosität dieses Bauherrn.

Fotos: Hessische Hausstiftung Museum Schloss Fasanerie

Mit der Säkularisation ging das Schloss zunächst in den Besitz Wilhelms von Oranien über, und nach dem Wiener Kongress im Jahr 1816 wurden Fulda und somit auch das Schloss kurhessisch. Nun ließ Wilhelm II. von Hessen-Kassel, nicht minder engagiert, verschiedene Schlossräume durch den Kasseler Hofbaudirektor Johann Konrad Bromeis umgestalten. Kurfürstin Auguste wandte sich währenddessen mit dem Kasseler Hofgartendirektor Wilhelm Hentze den Parkanlagen zu, die der Mode gemäß anglisiert wurden.

Von der einschlägigen Literatur vernachlässigt ist dabei das zauberhafte Badehaus, das auch von Bromeis neu disponiert und ausgestattet wurde. Als wichtiges symmetriebildendes Element der Schlossanlage gehörten das Badehaus sowie das nördlich gelegene Kavaliershaus in die barocke Bauphase. Beide Bauten flankieren den äußeren Ehrenhof, wobei die Lage des Badehauses am Parkzugang sowie die Stellung zur Parkterrasse dem Gebäude eine eigene Bedeutung innerhalb der Gesamtanlage geben. Im Äußeren entspricht das Gebäude noch unangetastet der Erbauungszeit, freilich geht die jetzige Ausstattung des Innenausbaus auf das 19. Jahrhundert zurück.

Die Bezeichnung „Badehaus" lässt keinen Zweifel an der ehemaligen Nutzung des Gebäudes, dennoch ist eine schlüssige Rekonstruktion der alten Badeeinrichtung kaum mehr möglich. Nur soviel: Warmes Wasser wurde vom Schloss in Gefäßen gebracht, das Abwasser ebenso abtransportiert. Feste Wanneneinbauten waren nicht vorhanden. Mit dem Besitzwechsel und der Einrichtung des Landschaftsgartens erhielt das Badehaus eine erweiterte Funktion: Nunmehr nutzte man es bewusst über die raumgreifende Terrasse hinweg als Gartenbau. *„Im Obergeschoß wurde deshalb das ehemalige Badeappartement des Fürstenbischofs mit seinem auf Blau und Gelb abgestellten Farbakkord (Reste der Stuckmarmor-*

Deutlich zu sehen ist das ergänzte und nachgearbeitete Gesperre und die gereinigten Partien

ausstattung sind hinter den jüngeren Vertäfellungen erhalten) durch zwei gleichartige Badesälchen ersetzt. Der Architekt Conrad Bromeis erweckt durch die illusionistische Bemalung der vertäfelten Wände den Eindruck, in Gartenlauben aus dünnen, von Winden und Geisblatt umrankten Stützen zu sitzen und in dunstige Parklandschaften zu blicken. Auch die Raumdecken waren sehr wahrscheinlich wie ein Laubendach bemalt; die Schäden des 2. Weltkrieges haben allerdings keine brauchbaren Spuren der ursprünglichen Ausmalung hinterlassen. Auf den Innentüren vor den Fensternischen setzten sich die gemalten Landschaften fort." (Meinolf Siemer)

Die Räume hatten einfache Dielenböden, in die jetzt marmorierte ovale Blechbadewannen eingelassen waren, auch eine gewisse fortschrittliche Badetechnik wurde nun installiert. Im Laufe der Jahre wurde das Badehaus dann aber weitgehend vernachlässigt und stand leer. Vor einiger Zeit wurde jedoch im Auftrag der „Kurhessischen Hausstiftung Schloss Fasanerie" zum Zwecke einer anstehenden Sanierung mit Nutzungsänderung eine Bauvoruntersuchung des Badehauses vorgenommen. Für die restauratorische Bedarfsanalyse war die Firma Kramer aus Fulda verantwortlich.

Das Äußere des Hauses zeigte keine akuten Schäden, was für die bewundernswerte Solidität des Bauwerks spricht. Das Innere jedoch ist in seinem konstruktiven Gefüge gestört: Unsachgemäßer Wiederaufbau der Kriegsschäden und der komplette Ersatz der Holzbalkendecke über dem Erdgeschoss durch eine Stahlträgerdecke mit Betonfüllung haben zu starken Rissbildungen in fast allen Sturzbereichen und in einigen Sandsteinformteilen geführt. Und die Ausstattung der beiden „Badesälchen", die illusionistische Wandtäfelung mit Pflanzen- und Rankenmotiven, zeigte insgesamt eine sehr schadhafte Oberfläche – mit erheblichen Fehlstellen und Rissen. Das Gesperre, das den Gartenlauben- oder Gartenspaliercharakter erzeugte, war fast durchweg abgängig. Die Holzbalkendecke aus der Erbauungszeit zeigt im Randbereich noch sichtbar den ursprünglichen Deckenaufbau: Spalier, Strohlehm, Lehmstuck und eine hellblaue Oberfläche.

Die beiden gleichwertigen Gartensäle im Obergeschoss mit ihren raumhohen Wandtäfelungen wurden adäquat restauriert, und Schreinerarbeiten ersetzten das zerstörte Gesperre. Zugunsten einer ungebrochenen perspektivischen Darstellung im Eckbereich, sowie einer symmetrischen Raumabwicklung wurden die Türöffnungen zu den Sälen versetzt und Viertelkreisecken ausgebildet. Jetzt erzeugen die umrankten vertikalen Pfeiler mit dem umlaufenden Fries wieder die Illusion eines freistehenden Gartenspaliers in einer von Nebel durchzogenen Sumpflandschaft. Im Gegensatz zu älteren Gartensälen des 18. Jahrhunderts, in denen Pflanzenmotive nur grafisch Verwendung finden, baut sich hier eine fast realistische Szene mit wild-romantischer Anmutung auf.

Die Kurhessische Hausstiftung beabsichtigte das Badehaus als funktionale Erweiterung in den Museumsbetrieb des Schlosses mit einzubeziehen. Es wurde hierfür sowohl ein entsprechender Ausbau des Ober-, des Unter-, als auch des Dachgeschosses getätigt. Kern des Museums sind nun die beiden zauberhaften Gartensäle im Obergeschoss (für Wechselausstellungen), wobei in Kauf genommen werden muss, dass die Wandtäfelungen dadurch zu einem großen Teil verdeckt werden.

Gemme von göttlicher Schönheit

Das Schmuckstück des Elisabethschreins in Marburg

Historische Schmuckstücke sind aufgrund ihrer stilistischen Merkmale und ihrer kunsthandwerklichen Techniken von besonderem Erkenntniswert, weil sie oftmals als Wegweiser zu ihrer Herkunft und ihrer Symbolkraft fungieren. Archäologen, Kunsthistoriker und Denkmalpfleger wissen davon ein Lied zu singen.

Ein besonders eindrückliches Beispiel dafür ist der Reliquienschrein der Heiligen Elisabeth, der im 13. Jahrhundert in der Elisabethkirche in Marburg aufgestellt wurde. Er ist ein Meisterwerk mittelalterlicher Goldschmiedekunst – und eines der bedeutendsten Kunstdenkmäler der Stadt. Sein Bild- und Edelsteinschmuck ist von nicht geringerer Berühmtheit und Wirksamkeit. Im Jahr 1235 wurde der Schrein in Auftrag gegeben, dem Jahr der Heiligsprechung der Elisabeth und der Grundsteinlegung für den Bau einer neuen Kirche durch die Ritter des Deutschen Ordens. In dieser Kirche sollten die Reliquien der Heiligen in kostbarer Hülle verehrt werden. Zum Ritual der Reliquienerhebung kam in Marburg damals eine unübersehbare Menschenmenge zusammen. Auch Kaiser Friedrich II. war aus Italien nach Marburg gereist.

Für das kostbare Reliquiar wurden Gold und eine Menge kostbarer Steine verwendet, darunter antike und mittelalterliche reliefierte Gemmen. Eines dieser Prunkstücke zeigte zwei weibliche Büsten und war ein persönliches Geschenk des Kaisers. So erzählt es zumindest die Legende. Die profane Geschichte des Schreins erzählt allerdings mehr von Habgier und Begehrlichkeiten: von Dieben, die Steine heraus brachen, von Kriegsschäden und Missachtung. So auch bei Philipp dem Großmütigen, der Reliquienverehrung verachtete und 1539 nach Einführung der Reformation, die Gebeine der Heiligen entnahm, sie vergrub und das Reliquiar auf sein Schloss bringen ließ.

1810 wurde der Schrein auf Befehl von Jérôme, König von Westphalen und Bruder Napoleons, nach Kassel verbracht. Zwar kam das Kunstwerk 1814 nach Marburg zurück, aber Teile des Schreins waren zerdrückt, Figuren abgerissen, Ornamente entfernt und die wertvollsten Edelsteine aus ihren Fassungen gerissen worden. Die meisten davon sind noch immer verschollen. Gottlob kann man sich von den fehlenden Steinen zumindest eine Vorstellung machen, da sie vor dem Transport nach Kassel durch Beschreibungen, Skizzen, Stiche und Siegellackabdrücke dokumentiert wurden. 1920 wurde der Schrein tatsächlich noch einmal durch einen Raub beschädigt. Zur Beute gehörten wiederum vor allem Edelsteine. Diesmal konnten die Diebe jedoch überführt werden und die in England entdeckten Stücke nach Marburg zurückgebracht werden.

Foto: Walter Mücksch

Der einzigartige Schmuckreichtum des Elisabethschreins ist damit zu erklären, dass in erster Linie die Ritter des Deutschen Ordens als Auftraggeber für die großzügige Bestückung in Frage kommen – und dass sich zahlreiche vermögende und weit gereiste Stifter am Grab der Elisabeth einfanden. Wir wissen auch von Pilgern, die als Kreuzfahrer im Orient gewesen waren und dort Schätze erworben hatten. Im Übrigen gehörte Elisabeth selbst zum europäischen Hochadel, dessen Mitglieder Edelsteine aus ihren Schatzkammern bei einem Besuch in Marburg für diesen prächtigen Schrein hinterließen.

Foto: Walter Mücksch

Die Position der Gemme – „Zwei weibliche Büsten: Athene mit Personifikation" – ist die Mitte des Giebelfeldes über der thronenden Madonna. Geschnitten wurde sie aus dreischichtigem Sadonyx und das Relief so angelegt, dass die unterschiedlichen farbigen Schichten als monochrome Flächen zur Geltung kommen. Wir sehen zwei im Profil hintereinander gestaffelte Gesichter, die nach rechts blicken. Die Köpfe haben ein jugendlich glattes Antlitz; beide tragen attische Helme: Der vordere dunkle Helm wird von einem hellen Helmbusch bekrönt, der hintere helle Helm von einem Kamm. Der Brustausschnitt der vorderen Büste ist mit einer dunklen, mit Schuppen und Schlangen besetzten Ägis bekleidet, dem charakteristischen Attribut der Göttin Athene. Die Gemme ist als Ganzes in einem klassizistischen schönlinigen Stil gearbeitet. Das spricht für seine Datierung in die Jahrzehnte um die Zeitenwende. (Rita Amedick)

Seit 1830 befindet sich das Schmuckstück nachweislich in der Bibliothèque de France, im Cabinet des médailles. Nachforschungen hatten ergeben, dass der Stein, nachdem auch er 1810 frevelhaft aus dem Schrein entfernt worden war, von einem Geschäftsmann nach Frankreich verkauft wurde. Und als man im Zusammenhang mit der Vorbereitung des Elisabethjahres 2007 mit der Nationalbibliothek Kontakt aufnahm, war das wertvolle Stück tatsächlich noch in den Magazinen. Peter Malberg berichtet allerdings, dass den französischen Kollegen die wahrhafte Bedeutung und der Wert des Edelsteins keineswegs bewusst waren. Die für die Kunstschätze der Nationalbibliothek Zuständigen zeigten sich dennoch sehr entgegenkommend: Bei der Wanderausstellung in Marburg und Eisenach konnte das Original gezeigt werden. Zudem waren die Franzosen bereit, einen Silikonabdruck von dem antiken Edelstein herzustellen. Schwierigkeiten bei der Anfertigung der Kopie ergaben sich allerdings beim Auffinden eines passenden, das heißt dem Original möglichst ähnlichen Steines, da die Fundstätte des verwendeten Achats nicht bekannt

Foto: Michael Kretzer

ist. Zudem musste ein renommierter Steinschleifer gefunden werden. Ein solcher konnte in Idar-Oberstein, der berühmten Stadt der Edelsteinindustrie, ausgemacht werden. Als Muster und Vorlage für die Replik dienten neben dem Abguss eine Serie von Detailfotos und Skizzen des Originals, aus denen die entscheidenden Schattierungen des Steins hervorgingen. Das Volumen des Achats und die Stärke der einzelnen Lagen des Edelsteins ließen sich mit diesen Vorgaben so exakt bestimmen, dass heute nur noch Experten die Nachbildung vom Original unterscheiden können.

Fotos: Monika Nikolic

Brandschutt aus dem Dreißigjährigen Krieg

Ausgrabungen in der Wasserburg Wanfried-Aue

Der Niedergang der spätmittelalterlichen Wasserburg Aue während des Dreißigjährigen Krieges ist wohl das schicksalhafteste Datum rund um die Geschichte des Bauwerks. Wie zahlreiche andere Städte und Orte des Werratales hatten auch die Burg und das Dorf Aue in dieser Zeit besonders schwer unter Brandschatzung und Zerstörung zu leiden.

Als „Vorwerk“ wurde das steinerne Wasserschloss erstmals im Jahr 1292 erwähnt. Es gehörte damals dem Cyriacusstift zu Eschwege, das hier etwa neun Hufe Land besaß. Die

Bedeutung und die Lage des Bauwerks waren evident, denn es diente damals als Herberge und Schutz für Handelskaufleute, die mit ihren langen Wagenzügen, begleitet von bewaffneten Knechten, durch das Werratal zogen. Die Alte Mühlhauser Handelsstrasse, eine wichtige Verbindung in das Thüringer Hinterland, führte aber genau an Aue vorbei.

Die Herren von Aue hatten hier ursprünglich einen donjonähnlichen Wohnturm auf einem etwas erhöht liegenden Terrain in der Flussniederung erbaut. Die Stelle findet sich heute am östlichen Ortsrand des Dorfes Aue, das zwischen Eschwege und Wanfried liegt. Es ist zu vermuten, dass sich die kleine Siedlung Aue vor allem im Kontext des Burglebens entwickelt hat. Die Herren von Aue selbst starben 1380 mit Bertold von der Aue aus, und der Landgraf von Thüringen belehnte die Brüder Reinhard und Hartung von Eschwege mit dem Besitz. Diese erweiterten 1440 den Bau an der rechten Gebäudehälfte mit einem Anbau und legten den Wassergraben an, der früher sicherlich erheblich tiefer war und durch Stauungen mehr Wasser erhielt.

Im Frühjahr des Jahres 1637 besetzten kroatische Truppen das Werratal. Ein Einmarsch, dem auch Burg und Dorf Aue ausgesetzt waren. Wenig später wurden die oberen Stockwerke der kleinen Feste durch einen Brand zerstört. Das eingestürzte Mauerwerk und der Brandschutt fielen auf die Gewölbe der Untergeschosse und blieben dort über Jahrhunderte unberührt liegen. Erhalten sind bis heute die aus rotem Sandstein aufgemauerten, massiven Untergeschosse der Gebäude, deren gewölbte Räume ebenerdig noch begehbar sind. Karl Kollmann schreibt, dass diese Bauteile wohl zum größten Teil aus dem späten 15. Jahrhundert stammen, wofür bauhistorische Details sprechen. Die Bauforschung hat darüber hinaus ergeben, dass die Burg in der zweiten Hälfte des 16. Jahrhunderts wesentliche Umbauten erfahren hat. Kollmann: *„Auf dem steinernen Unterge-*

schoss erhoben sich vermutlich noch zwei Geschosse mit einem hohen spitzen Dach; das untere dieser beiden Stockwerke war wohl nach den Außenseiten in Stein, sonst aber in Fachwerk ausgeführt." Eine Skizze der Burg aus dem Jahr 1586 zeigt an der Schauseite einen steinernen Renaissancegiebel.

Im 20. Jahrhundert gab es Überlegungen, das Burggelände neu zu gestalten, in deren Folge der Trümmerrückstand mit Erdreich bedeckt und begrünt wurde. Im Zuge dieses Verschönerungsplanes wurden der Ruine 1912/13 zudem historisierende Zutaten beigegeben, unter anderem ein mit Zinnen bewehrter kleiner Turm. Es wird jedoch vermutet, dass es an dieser Stelle tatsächlich einen Vorgänger gab; Grabungen werden später für mehr Gewissheit sorgen.

Der Schutthügel selbst hat all die Jahrzehnte hindurch immer wieder Sammler und Raubgräber angezogen, weil an manchen Stellen Scherben, Bauschmuck, Bruchstücke von Ofenkacheln und der gleichen zutage getreten waren, wenn der Regen das Erdreich weggewaschen hatte. Geborgene Funde konnten zwar großenteils gesichert und katalogisiert werden, aber die Situation verlangte nach einer Systematisierung und geordnetem fachkundigem Vorgehen, zumal das Land Hessen das Anwesen 1977 erworben hatte. Es kam tatsächlich eine „Arbeitsgemeinschaft für Vor- und Frühgeschichte" an der VHS Eschwege zusammen, die mit den notwendigen archäologischen Durchforschungen betraut wurde. In Absprache mit dem Landesamt für Denkmalpflege Hessen wurde damit im Februar 2004 begonnen.

Zunächst wurde durch den Erd- und Schutthügel, der auf dem Erdgeschossgewölbe des Westflügels ruht, ein Schnitt gelegt. Kollmann schreibt: *„Die Befundsituation in der Wasserburg Aue ist einzigartig, denn man blickt zurück auf die Situation vor fast 375 Jahren kurz vor und während des zerstörerischen Brands."* Aus dem Brandschutt quollen Dachziegel, zerbrochene Lehmwände, Keramikreste, insbesondere Ofenkacheln, und eine Menge Metallgegenstände. Vor allem die Reste mehrerer Kachelöfen aus der zweiten Hälfte des 16. Jahrhunderts sind von genuiner Aussagekraft. Die Mitglieder der Arbeitsgemeinschaft heben hervor, dass die künstlerischen Darstellungen eindeutig ein protestantisches Bild-

Blattkachel aus bleiglasierter Irdenware. Darstellung des Martin Luther im Talar. Neben dem Kopf ist der Anfangsbuchstabe „L" von Luther zu erkennen.

programm haben, das die katholischen Kroaten zu eifrigen Bilderstürmern machte. Die Öfen wurden mit Fleiß zerstört. Ein Beweis hierfür ist eine Scherbe mit der Darstellung Martin Luthers.

In der zweiten Phase ging es um die Freilegung des Untergeschosses und die auf ihm ruhenden Baureste des ersten Stockwerks: Die drei freigelegten Räume wurden durch Wände getrennt, die aus Fachwerk mit Lehmausfachung hochgezogen waren. Nach Osten, zum Innenhof hin, verlief eine Art Galerie, die zum nördlichsten Raum hin offen war. Ein Türportal aus hellem Sandstein kam zutage, dessen untere Partie mit anspruchsvoller Steinmetzarbeit der Renaissance versehen ist, ein Indiz für die vormalige prächtige Ausstattung der Burg.

Mittlerweile haben Mitarbeiter einer Gruppe von Aktiven aus dem „Heimatverein Aue" die Mauersanierung übernommen, selbstverständlich unter fachlicher Anleitung. Dazu laufen parallel archäologische Restuntersuchungen: Der Prozess ist keineswegs abgeschlossen, und die Motivation für die Erforschung weiterer Bauabschnitte weiterhin hoch.

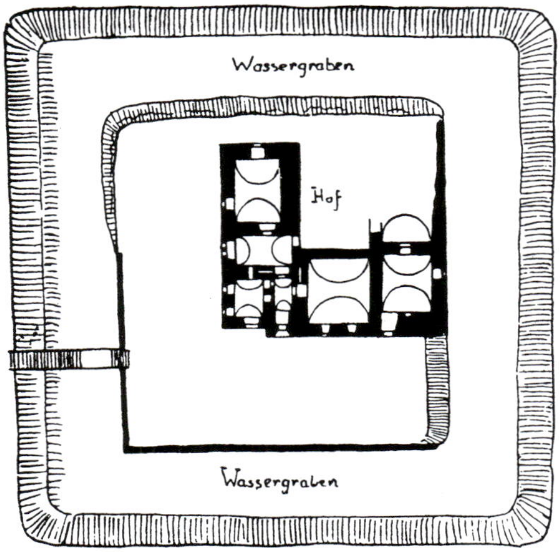

Plan der Burg von E. Wenzel, 1925

Die sichtbare und die unsichtbare Kirche

Das ehemalige Kloster in Helmarshausen im Landkreis Kassel

Foto: Rolf Blessing, 2006

Helmarshausen liegt in der untersten Diemelschleife unterhalb des Krukenbergs und verdankt seine Beachtung wohl vor allem seinem Flussübergang. An dieser Stelle hatte sich früh eine recht bedeutende Straßenkreuzung entwickelt. 944 schenkte König Otto I. der Matrona Helmburg einen Hof in Helmerateshusa (später Helmwardeshusen), dessen Gutsbereich angesichts der nahen Sieburg zum Königsgut aus fränkischer Zeit gehört haben könnte.

An diesem Ort entstand Ende des 10. Jahrhunderts die Benediktinerabtei St. Marien und Petri, die 997 zur Reichsabtei erhoben wurde. Dem rührigen Bischof Meinwert von Paderborn gelang es 1017, das Kloster per Schenkung für sein Bistum zu erwerben, woraufhin es 1080 zum Archidiakonatssitz für das untere Diemel- und angrenzende Wesergebiet erhoben wurde. Das Ansehen der Abtei wuchs in dieser Zeit stetig. Zudem war ihr Aufstieg bis ins 12. Jahrhundert hinein von hervorragenden künstlerischen Leistungen begleitet, so dass man von Helmarshauseners großer Zeit als Kulturzentrum sprechen kann. Um 1100 entstanden in der Klosterwerkstatt die bedeutenden Arbeiten des Roger von Helmarshausen, eines führenden Vertreters romanischer Goldschmiedekunst, und bewundernswerte Leistungen seitens der Klosterbrüder in der Buchmalerei. Ein berühmtes Beispiel hierfür ist das Evangeliar für den welfischen Herzog Heinrich den Löwen.

Schon im 13. Jahrhundert setzte dann allerdings der Niedergang des Klosters ein. Machtstreitigkeiten zwischen dem Bischof von Paderborn und den Erzbischöfen von Mainz und Köln provozierten diese Entwicklung. Schließlich erwarben weltliche Herren, die Landgrafen von Hessen, den Besitz in Helmarshausen. Daher gestattete sich Philipp der Großmütige auch, das Kloster mit der Reformation 1536 aufzuheben. Die Kirche und die Klostergebäude verfielen, wurden abgebrochen und verschwanden spurlos.

Die bedeutende Klosterkirche, die 1011 durch Bischof Meinwerk von Paderborn geweiht wurde, ist heute nur noch aus alten Abbildungen der Topographen und Kupferstecher Dilich und Merian bekannt – und durch grundlegende Grabungen. 1964, 1965 und 1968

Foto: K. Sippel, Landesamt für Denkmalpflege Hessen

Foto: Monika Nikolic

konnten bei Ausgrabungen des Landesarchäologen von Hessen fünf Bauphasen nachgewiesen und alle wesentlichen ergrabenen Bauteile der Kirche erfasst und dokumentiert werden. Die Erkenntnis war, dass es sich ursprünglich um eine dreischiffige flach gedeckte Basilika mit halbkreisförmiger Ost- und Westapsis handelte, die vermutlich kein Querschiff besaß. Etwa Mitte des 12. Jahrhunderts wurde das Langhaus im gebundenen System eingewölbt und die Gliederung der Langhausarkaden durch stark vorgezogene Hauptpfeiler und Zwischenpfeiler mit vortretender Halbsäule erneuert. Gleichzeitig wurde die Westapsis durch einen starken quadratischen Turm mit zwei seitlichen kleineren quadratischen Treppentürmen ersetzt. Im Turmerdgeschoss errichtete man eine auf vier Säulen ruhende gewölbte Halle. Zwei der Säulen, mit sorgfältig gearbeiteten Würfelkapitellen, gehören übrigens zu den Funden.

Foto: Monika Nikolic

Nach Abschluss des Grabungsprozesses wurde (zum Schutz der Baubefunde und der freigelegten Kirchenmauern) die Grabungsfläche wieder verfüllt. Der größte Teil des Klostergeländes, in dem eine jüngere Steinscheune von 1749 steht, wurde als Garten und zuletzt als Reitplatz genutzt. Naturgemäß sind dadurch Lage, Form und Ausdehnung der vormaligen Klosterkirche nicht mehr verifizierbar – sie ist sozusagen ein zweites Mal verschwunden.

Es kam jedoch bei immer mehr Menschen der Wunsch auf, die Klosterkirche wieder sichtbar zu machen: Sei es durch eine neuerliche Freilegung der Grundmauern, die schützend unter Glas gebracht werden könnten, oder durch eine bodengleiche Verlegung von Steinplatten im Bereich der originalen Kirchenmauern und Pfeiler, bei der die im Untergrund befindlichen Originalreste nicht berührt würden. Man entschied sich für Zweiteres: Dargestellt werden sollte der Grundriss der Klosterkirche in ihrer in der zweiten Hälfte des 12. Jahrhunderts erreichten und bis in das 16. Jahrhundert dauernden letzten Bauphase V, also auf einer Länge 65,35 Metern (Klaus Sippel). Dieses Konzept wurde ausgeführt.

Der dokumentierte Kirchengrundriss wurde auf das Gelände projiziert und abgesteckt. Dann wurden die Außen- und Binnenmauern und die Pfeiler mit 400 Quadratmetern Sandsteinplatten aus heimischem Material in Schotter verlegt. Neben dem eindrucksvollen Riesengrundriss der Klosterkirche wurde ein kleines, leicht erhöhtes Stahlgitterpodest als Besucherplattform errichtet. Diese gewaltige Prozedur war ein vorbildliches Gemeinschaftsunternehmen, an dem viele beteiligt waren: die Stadt Bad Karlshafen, zu der Helmarshausen gehört, die Bundesagentur für Arbeit, der städtische Bauhof mit seinen qualifizierten Mitarbeitern und die Evangelische Kirchengemeinde Helmarshausen als Grundeigentümerin der im Pfarrhof liegenden östlichen Kirchenteile. Fachlich gestützt, begleitet und finanziell gefördert wurde das Projekt vom Landesamt für Denkmalpflege Hessen. Bei gleicher Gelegenheit wurde auch die Hoffnung erfüllt, das denkmalgeschützte, freilich sehr vernachlässigte Klostergelände angemessen würdig zu gestalten. Dadurch hat die Stadt Bad Karlshafen ihrem bedeutenden kulturellen Erbe einen großen Dienst erwiesen.

Fotos: Christine Krienke

Einzug in die Schweinehalle

Der alte Schlachthof in Offenbach

Bei der Umwidmung des alten Schlachthofes in Offenbach ging kein Schritt ohne die Bauforschung, das heißt: die Erfassung der historischen Baukonstruktionen, der Baubefunde, die Prüfung des Bau- und Materialzustandes, maßnahmenorientierte Bauvoruntersuchung und die Klärung, ob die neue Nutzungsplanung auch denkmalgerecht sein würde. Dies alles stellen die Kernaufgaben der Bauforschung dar.

1904 wurde das Schlachthofareal in Betrieb genommen. Die beispielhafte Industrieanlage mit insgesamt 14 Gebäuden war damals mit modernster Technik ausgestattet und wurde als absolut zukunftsweisend angesehen: Strom und Energie lieferte eine eigene Dampfkesselanlage, eine Eisfabrik konnte täglich 17 Tonnen Blockeis herstellen, und die Wasserversorgung wurde durch einen eigenen Wasserturm gesichert. Sehr hübsch und ansehnlich ist die Durchgestaltung aller Fassaden der Anlage in verschiedenfarbigem Klinker (ockerfarbenem und rostrotem Backstein) in historisierenden Formen. Dunkle Basaltsockel und rote Sandsteingesimse und -gewände gliedern die Gebäude; gelegentlich sind die Eingänge mit aufwändiger Verdachung mit Fachwerk und glasierten Ziegeln dekoriert. Im Mittelpunkt des Schlachthofgeländes steht die 15 Meter breite und 100 Meter lange Verteiler- oder Verbindungshalle, von einem gewölbten Glasdach

überspannt, die die Schlachthallen und das Kühlhaus verband. Einige Architekturelemente, wie etwa die Fenstergewände, sind sorgfältig aus Formsteinen gearbeitet. Die Triforien sind teilweise verglast, Rautenfriese und Granitsäulen mit Würfelkapitellen im neoromanischen Stil ausgebildet. (Sonja Bonin)

Bedenkt man, dass dies ein ganz auf Funktionalität konzentriertes Bauwerk ist, dann verblüffen besonders das große Schmuckbedürfnis und die oft pittoreske Gestalt mancher Gebäude – die wundersame, gleichwohl genuine Architektursprache der Erbauungszeit. Diese architektonische Manifestation der Epoche macht die Anlage (neben weiteren Kriterien) schützenswert.

Nach der Schließung des Schlachthofes lobte die Stadt Offenbach 1990 einen Investorenwettbewerb aus, mit der Vorgabe, ein Wohn- und Gewerbequartier zu projektieren und dem Quartier eine städtebauliche Neuordnung zuzuführen; fast eine Gratwanderung, denn für die denkmalgeschützten Gebäude sollte einerseits eine zeitgemäße Nutzung gefunden werden, andererseits mussten sich Wohnquartiere und Geschäfte in den Baubestand behutsam einfügen. Zusätzlich sollte ein Angebot an Kultur und Freizeit ein neues Zeichen setzen. Das später umgesetzte Entwicklungskonzept für das etwa 40.000 Quadratmeter große Areal zwischen Buchhügelallee und Erlenbruchstraße stammt von dem Frankfurter Büro Albert Speer & Partner.

Ehemaliger städtischer Schlachthof, Zeichnung des Architekten Roepert, 1904

Heute finden wir auf dem ehemaligen Schlachthof-Gelände Büros, Lofts, ein Vier-Sterne-Hotel und eine Bar, in der ehemaligen Maschinenhalle ein Restaurant und in einem früheren Stallgebäude Wohnungen. Das Kesselhaus ist integriert, die Eisfabrik und das Kühlhaus wurden einer attraktiven Ladennutzung zugeführt, und der ehemalige Kleinviehstall sinnigerweise in einen Kindergarten umgerüstet. Durch die dominante Verteilerhalle, die nun als kultureller Treffpunkt und Geschäftszentrum eine besondere Rolle übernommen hat, wirkt das gesamte Bauwerk sozusagen als „Herz" des neuen Stadtquartiers. Die Neubauten, die vor allem für die Wohnnutzung konzipiert wurden, ergänzen mit feinem Gespür den Altbaubestand und bilden in ihrer Ausformung (in Kubatur und konsequenter Geschosshöhe) ein harmonisches, städtebauliches Ensemble von großer Qualität und mit viel Atmosphäre.

Das Schlachthofviertel grenzt im Westen an eine Kleingartenzone, die das Areal großzügig im Vorfeld eingrünt. Der parkartige Charakter des Umfeldes ist zweifellos ein zusätzlicher Reiz dieses neuen städtebaulichen Gebildes.

Geschichtsquellen unter Glaspyramiden

Das Landgrafenschloss in Marburg an der Lahn

Grabungsarbeiten sind immer auch Entdeckungsreisen, zumal bei einem Bauwerk der hessischen Landgrafen, das von zentraler Bedeutung für das Land Hessen und die Entwicklungsgeschichte der Stadt Marburg ist. Denn die Stadt verdankt ihre Entstehung dem heute noch alles überragenden Schloss, das auf einem an drei Seiten stark abschüssigen Bergrücken thront. Von hier aus konnte man wichtige Fernverkehrsstrassen kontrollieren, vor allem den Übergang einer West-Ostverbindung über die Lahn.

Zu deren Sicherung und zur Bewahrung gräflicher und grundrechtlicher Rechte wurde wohl schon im 11. Jahrhundert auf einer nahe dem Schlossberg gelegenen Anhöhe die „Lützelburg" erbaut. Ob von Graf Werner oder durch das im oberen Lahntal ansässige Grafengeschlechts der Gisonen ist nicht geklärt. 1122 verlegten die Landgrafen von Thüringen die Burg auf den günstiger an der Lahnfurt platzierten und leichter zu verteidigenden Schlossberg. Urkundlich bezeugt ist die neue Festung allerdings erst 1138/39. Strategisch wichtig war die Fortifikation vor allem als Stützpunkt gegen das kämpferische

Fotos: Christa Meiborg

Innenseite der polygonalen Ringmauer

Erzbistum Mainz. Zudem galt die Anlage über den Verteidigungszweck hinaus auch als Verwaltungsmittelpunkt. In zahlreichen Bauphasen entstanden hier künstlerisch hochwertige Wohn- und Repräsentationsbauten, Erweiterungs- und Ergänzungsumbauten, stilistische Überformungen. Diese Architektur- und Kulturschichten, vornehmlich die weit zurückliegenden, gilt es zu heben.

Glücklicherweise führen uns die Quellen und Zeugnisse weit in die Geschichte der Anlage zurück, die in jüngster Zeit ergraben, verifiziert, dokumentiert und sichtbar gemacht wurde: In den siebziger Jahren begann die Sanierung des Schlosskomplexes durch die Marburger Staatsbauverwaltung – mit Hilfe baubegleitender archäologischer Untersuchungen. Auch bauhistorische Forschungen waren bei einem solch illustren Gebäude unverzichtbar, um die im Boden ruhenden Geschichtsquellen vor ihrer Zerstörung zu erschließen und zu nutzen. Aus der Fülle der dokumentierten Befunde wird sich hier auf die aufschlussreichsten Grabungsergebnissen zur Frühzeit der Burganlage beschränkt.

Grundriss des Marburger Schlosses mit den wichtigsten Mauerbefunden im Westflügel und Hofbereich

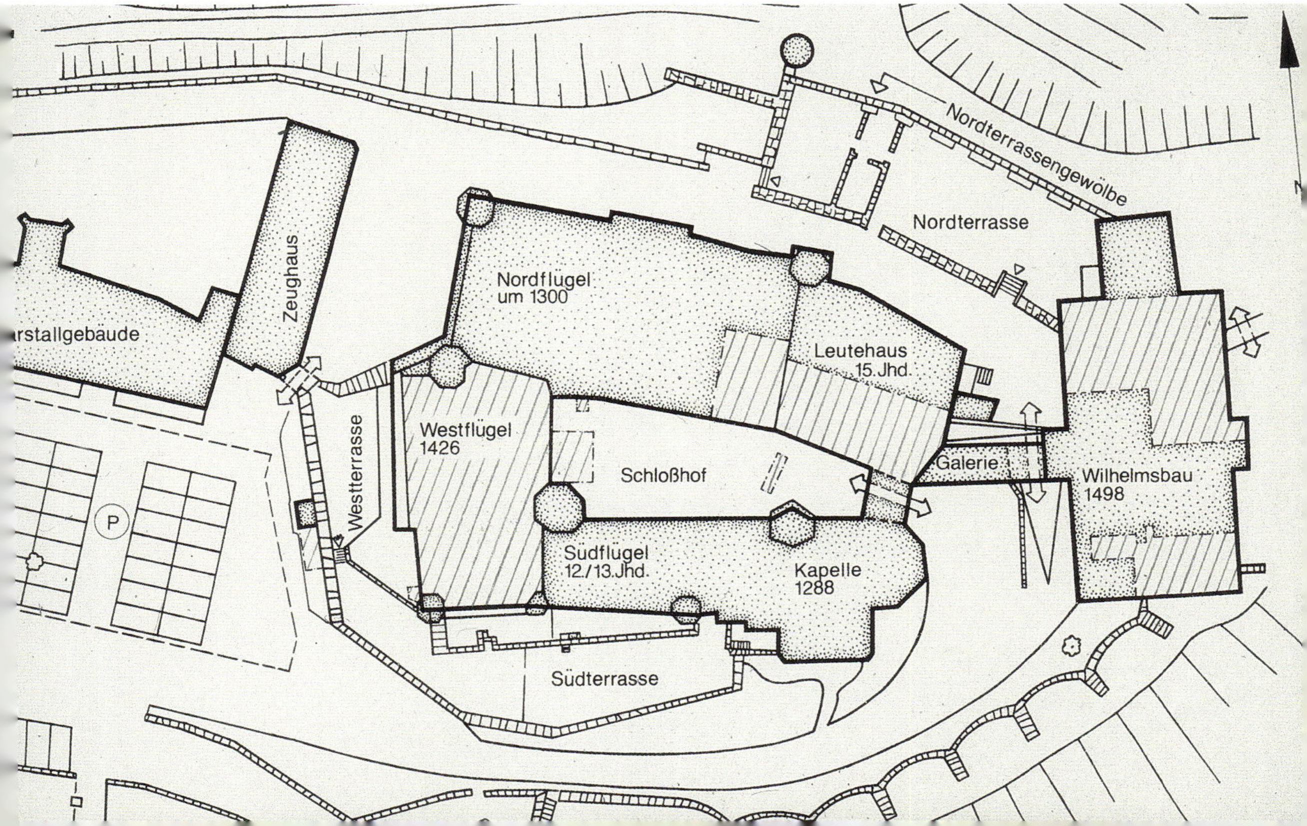

Blick in die Grabungsstätte

Ab August 1989 wurde punktuell mit archäologischen Ausgrabungen im Westflügel, dem früher so genannten „Frauenbau" begonnen – mit Untersuchungen im Unteren Westsaal. Deutlich ist dabei zu erkennen, dass der Westflügel sein erstes, nutzbares Geschoss erst in etwa acht Metern Höhe über dem Vorgelände hat. Just unterhalb dieses Sockelbereichs hatte man zudem bei Umbauarbeiten im 19. Jahrhundert einen Felsen vermutet, den man fortan den „Gisonenfelsen" nannte, denn den Gisonen, dem hessischen Grafengeschlecht, schrieben die Heimatforscher die erste Bebauung des Schlossberges zu. Dies hat sich jedoch als Wunschdenken herausgestellt. Nach wenigen Wochen der Grabungstätigkeit hat man zwar eine Menge Mauern freilegen können, der spektakuläre Fels wurde indes nicht angetroffen.

Als ältestes freigelegtes Bauwerk kam ein langrechteckiges verputztes Gebäude zutage, das womöglich schon aus dem ausgehenden 9. oder dem 10. Jahrhundert stammt und an seiner Westseite bis zu vier Meter hoch erhalten geblieben ist. Bei vorausgegangenen Untersuchungen im nördlichen Schlossbereich war man bereits auf Fundamentreste gestoßen, die auf eine frühe Besiedlung des Schlossplateaus verwiesen. Christa Meiborg, die Marburger Archäologin des Landesamtes für Denkmalpflege Hessen beschreibt die Funde: *„Dieses verputzte Gebäude war wahrscheinlich im Laufe des 11./12. Jahrhunderts durch einen quadratischen Turm überbaut worden. In dem Zwischenraum war eine mindestens 8 m hohe Verfüllung aus kalkgetränktem rotem Sand eingebracht worden. So kam es, dass man diese feste sandige Masse für den anstehenden Sandstein, den ‚Gisonenfelsen' hielt. Im 12. Jahrhundert erhielt die Ringmauer noch eine Erweiterung nach Westen, die ebenfalls in Ansätzen freigelegt wurde."*

Weitere Grabungen erbrachten aus den späteren Jahrhunderten zahlreiche Mauerzüge, Relikte einer Warmluftheizung, einen gänzlich erhaltenen Abortschacht und einige Gewölbe.

Durch die Grabungsbefunde im Gesamtbereich des Marburger Schlosses ist es tatsächlich gelungen, das Werden der Anlage von der kleinen Höhenburg zu einem buchstäblich fabelhaften Schloss großzügig nachzuvollziehen und in Teilbereichen zu rekonstruieren. Die mächtigen Mauerzüge, so Meiborg, unter dem unteren Westsaal wurden im Anschluss an die Grabung neu verfugt und stabilisiert. In dem wiederhergestellten Saal werden heute zum einen die Ergebnisse und Funde der Ausgrabungen präsentiert, zum anderen ist es möglich, durch Glasöffnungen die Bauten des 9. bis 15. Jahrhunderts aus acht Metern Höhe zu betrachten.

Fotos: Christine Krienke

Die Geheimnisse der Stratigraphie

Zur Baugeschichte des Kanonissenstiftes in Wetter

Die Stratigraphie, die Schichtenkunde, basiert auf Arbeitsvorgängen in der Archäologie, bei denen die Kulturschichten und andere Ablagerungen am Grabungsort abgetragen und nach ihrer zeitlichen Entstehung geordnet werden. So erbrachte der umfassende Fundbericht über derartige archäologische Untersuchungen in der Stiftskirche zu Wetter (in den Jahren 1958 und 1961) und auf dem ehemaligen Stiftsgelände südlich der Kirche (1983) weitreichende Erkenntnisse zu den Baustrukturen des dortigen Kanonissenstiftes, das 1532 mit der Reformation aufgelöst wurde und wegen des mangelhaften Nutzungsbedarfs mit der Zeit zusammenfiel, unterging und späterhin überbaut wurde.

Der Ort Wetter, der 850 erstmalig unter dem Namen „Wetrehen" als Mittelpunkt einer Mark erwähnt wird, liegt an einer Furt, an der die „Weinstraße", eine wichtige Heer- und Handelsstraße, die Wetschaft überschritt. Vermutlich hat an dieser strategisch bedeutsamen Stelle aber auch schon vorher eine karolingische Straßenfestung existiert. Sie wird dort vermutet, wo das erstmals 1108 erwähnte Kanonissenstift stand.

Da der Klosterberg im Zentrum des ehemals mittelalterlichen Städtchens auf einer breiten hervorspringenden Terrasse liegt, rechnete man hier mit dem Siedlungskern aus karolingischer Zeit. Die von W. Görich unter der romanischen Vorgängerkirche dokumentierten Mauerbefunde konnten zwar nicht anhand stilistischer Merkmale datiert werden, ihre stratigraphische Lage spricht dennoch dafür, sie der karolingischen Zeit zuzuschreiben. Zwar war die Konstellation des ehemaligen Kanonissenstiftes im Süden der Kirche durch einige bauliche Überreste des Spätmittelalters und durch einen Stadtplan von 1752 in groben Zügen bekannt, doch als 1958 in der gotischen Kirche eine neue Fußbodenheizung eingebaut wurde, konnten bei den Ausschachtungsarbeiten die Relikte einer romanischen Krypta und weitere, womöglich noch ältere Mauerzüge freigelegt werden. Im Juli 1983, als mit dem Bau eines neuen Gemeindezentrums auf dem südlichen Stiftsgelände begonnen wurde, erhielt Christa Meiborg vom Landesamt für Denkmalpflege Hessen, Abteilung „Archäologische Denkmalpflege", den Auftrag, diese Örtlichkeit vorab zu untersuchen. Die dabei aufgefundenen gut erhaltenen Mauerreste legten weitere Recherchen im nördlich angrenzenden Areal nahe. Sie wurden noch im gleichen Jahr

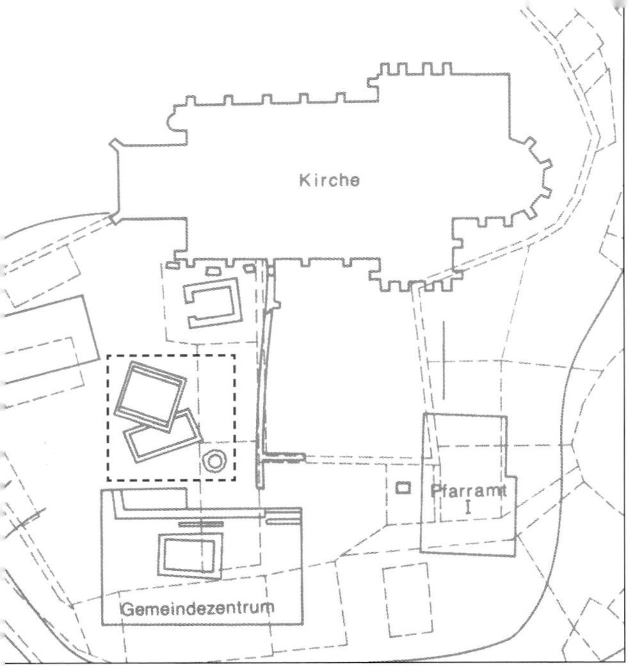

Plan: Ausschnitt des Stadtplanes von 1752/56

durchgeführt und brachten Steinfundamente von neun Häusern zutage. Die meisten davon waren kleinere Ständerbauten, die auf einem Steinfundament aufgerichtet waren, mindestens ein repräsentatives Steinhaus konnte definitiv als solches herausgearbeitet werden. Die Wände dieser Bauten wurden in Fachwerktechnik mit Rutengeflecht gefertigt, wie die verbrannten Überreste von Lehm mit Rutenabdrücken im Bereich der einzelnen Häuser belegen. Diese gediegene Konstruktion wie auch das Fehlen von Funden, die auf handwerkliche Arbeit hinweisen, sprechen für die Nutzung als Wohnhäuser.

Die Gründung des Stiftes geht nach einer lokalen Tradition auf das Jahr 1015 zurück: Heinrich II. (1002–1024) wird den kleineren Konvent in Wetter, so vermuten die Archäologen, gemeinsam mit den Stiften Eschwege und Kaufungen eingerichtet haben. Wundersam erhärtet wurde diese Einschätzung durch einen Münzfund bei den Grabungen: Man fand einen Wormser Pfennig aus der Regierungszeit Heinrichs II. Deutlich sprechen auch die freigelegten Hausgrundrisse südwestlich der Kirche für die Erbauung des Stiftes im 11. Jahrhundert: Eine Holzkohlenprobe wurde mit einer C-Analyse bestimmt, und Proben aus dem Brandhorizont über dem Estrich erbrachten den gleichen Datierungszeitraum. Die chronologische Einordnung der überreichen Keramikfunde, der Leder-, Metall- und Knochenfunde rundeten das Bild verlässlich ab. Deutlich wird zugleich: Die frühen Stiftsgebäude des 11. Jahrhunderts hatten keine annähernd parallel zur Kirche ausgerichtete Orientierung. Ihre Streuung über das Klostergelände lässt jedenfalls keine regelhafte Anordnung erkennen.

In der Mitte des 13. Jahrhunderts (bis 1280) wurde eine frühgotische Kirche nach dem Vorbild der Elisabethkirche in Marburg gebaut. Viele Indizien sprechen dafür, dass man in diesen Neubau das Mauerwerk des romanischen Vorgängerbaus einbezogen hat. Mit dieser Bauphase gingen womöglich auch umfangreiche Baumaßnahmen im Stiftsbezirk einher. Freilich wurden diese nur in Ansätzen vorgefunden. Es konnten keine Grundrisse ergraben werden, die speziell dem 13. oder dem 14. Jahrhundert zuzuschreiben wären. Gleiches gilt für das 15. Jahrhundert: Spuren neuer Bauten konnten für diesen Zeitraum nicht ausgegraben werden. Gleichwohl zeigt der alte Stadtplan von 1752, dass das Stift jetzt seine größte räumliche Ausdehnung hatte. Das ergrabene Mauergeviert im Süden der Stiftskirche war demnach der Schwerpunkt des Stiftsbereiches. Westlich des Kirchturms ist die Westwand

eines über zwei Meter hoch erhaltenen, vollständig aus Stein gebauten Gebäudes mit mehreren Fenstern zu sehen; es sind die Überreste eines Seitentraktes des früheren Stiftshauses. Dieses wurde 1570 auf den Grundmauern des alten Abteigebäudes errichtet, das ehemals das Wohngebäude der Äbtissin war und den Kapitelsaal enthielt.

Nach der regionalen Überlieferung wurde das Kanonissenstift von den schottischen Königstöchtern Almudis und Digmudis zur Zeit Heinrichs II. gegründet. Es bildete zweifelsfrei den Ausgangspunkt für die Entstehung der späteren Stadt Wetter, die sich zu seinen Füßen zu Beginn des 12. Jahrhunderts entwickelte. Aus urkundlichen Überlieferungen geht sogar klar hervor, dass die Äbtissin des Stiftes als Stadtherrin hervortritt. Das Stift spielte auch eine wichtige Rolle als Grundbesitzer in Wetter: Ein Lehenverzeichnis weist sieben Höfe in Wetter aus und spricht von drei vor der Stadt gelegenen Mühlen, die sich in der Hand des Stiftes befanden. Indes lag die außergewöhnliche Bedeutung des Stiftes in seiner Funktion als Bildungsanstalt. Seit 1323 war hier eine Lateinschule angegliedert. Wetter verdankte dieser Tatsache im Mittelalter nicht nur eine ansehnliche Zahl an Studenten, der Ort wurde auch wegen der beachtlichen Zahl der Gelehrten geehrt, die aus ihm hervorgegangen sind. Die Absolventen der Stiftsschule bekleideten oftmals Pfründe des Stiftes und der umliegenden Pfarreien; sie fanden jedoch auch weit über Hessen hinaus Anstellungen als Geistliche in herausgehobenen Kirchen. Einer der berühmtesten Schüler des Stiftes war ein Humanist und Anhänger Luthers, der Arzt Euricius Cordus aus Simtshausen. (A. Wenz-Haubfleisch)

Mit der Einführung der Reformation durch Landgraf Philipp den Großmütigen in Hessen wurden die Klöster und Stifte aufgehoben und ihre Vermögen zu unterschiedlichem Nutzen verteilt. Der Besitz des Stiftes Wetter wurde von dem der Kirche getrennt und fiel 1532 zusammen mit dem des Klosters Kaufungen an den hessischen Adel zur Versorgung und Aussteuer seiner Töchter. Die Kanonissen wurden mit ablösbaren Renten entschädigt und der Stiftsverband aufgelöst. (A. Wenz-Haubfleisch)

Heute zeichnet uns der bestechend kundige und konzentrierte Fundbericht der hessischen Archäologen ein wunderbares Bild des seit langem untergegangenen Stiftes. Die Grabungsbefunde lassen es gleichsam vor unserem geistigen Auge neu erstehen. Nach der Fertigstellung des Gemeindezentrums wurde ein Teil der freigelegten Befunde in die Gestaltung des Vorplatzes einbezogen und durch Bruchsteine im Klinkerpflaster und die leichte Aufmauerung des aufgefundenen Brunnens für Besucher kenntlich gemacht.

Bauabschnitt 12 bringt es an den Tag

Eine Grabungskampagne an der Bundesstraße B 49

Fotos: Nicole Boenke

Der Plan, die einspurige Bundesstraße B 49 zwischen Limburg und Gießen auszubauen, bestand schon seit langem, so dass weit im Vorfeld der tatsächlichen Bauarbeiten das zuständige Amt für Straßen- und Verkehrswesen (ASV) in Dillenburg darauf hingewiesen werden konnte, dass es sich hier aus Sicht der Archäologen um ein hoch interessantes und gefährdetes Gelände handelt. Den Wissenschaftlern war bekannt, dass es im Baugebiet eine lang anhaltende Besiedlung von der Jungsteinzeit bis zum Hochmittelalter gab – mit einem großen Eisen verarbeitenden Handwerksareal aus den metallzeitlichen Epochen.

Zahlreiche Funde, die auf Eisenverhüttungsplätze hindeuteten, brachten A. Schäfer auf den Plan, der ein montanarchäologisches Projekt der Philipps-Universität Marburg zur Eisenverhüttung im Lahntal leitete. In einem 19 Hektar großen Bereich, einem Teil des Bebauungsgeländes, ließ Schäfer eine geomagnetische Prospektion durchführen, die über Besiedlungsspuren, Standorte von Rennfeueröfen oder sonstige Befunde der Eisenverarbeitung Auskünfte lieferte. Die Magnetogramme zeigten dabei nicht nur Gruben, sondern sogar Grubenhäuser aus den Metallzeiten an; außerdem typische Hausgrundrisse frühjungsteinzeitlicher Häuser aus der bandkeramischen Periode. (S. Schade-Lindig)

Für einen bestimmten Planungsabschnitt lagen dem Landesamt sogar schon derart detaillierte Befundberichte einzelner Fundstätten vor, dass sich die Kampagne auf einen außergewöhnlich ertragreichen Abschnitt konzentrieren konnte: dem knapp drei Kilometer langen, direkt am heutigen Lahnufer verlaufenden Abschnitt 12 zwischen Solms-Altenburg und Wetzlar-Dalheim.

Mit derartig guten Vorkenntnissen zur Fundsituation war die Landesbehörde bei den notwendigen Forderungen nach einer großräumigen Straßentrassengrabung bestens gerüstet und die Zusammenarbeit mit dem Amt für Straßen und Verkehrswesen konnte unter einvernehmlichen Bedingungen weit im Vorfeld der eigentlichen Baumaßnahmen in Gang gesetzt werden. Die Grabungskampagne wurde von Anfang März bis Ende September 2006 angesetzt. Um diese sehr knappe Zeitvorgabe einhalten zu können, beschloss das Landesamt, die Untersuchungen nicht an externe Grabungsfirmen zu vergeben, sondern sie (wegen des Risikos, auf unerwartete und komplizierte Befunde zu stoßen) in eigener Regie durchzuführen. Zwei Grabungsleiter standen dabei insgesamt

40 Grabungsarbeitern vor, die auf Basis befristeter Verträge beschäftigt wurden. Weitere Mitarbeiter, Grabungstechniker und Zeichner mit mehrjähriger Grabungserfahrung, baggerten Fläche um Fläche auf, um die Siedlungsspuren auszugraben und zu dokumentieren. Und siehe: Aus der Bandkeramischen Kultur traten zwei vollständige Häuser zutage, man stieß auf Brunnen und Erdwerke und konnte, trotz der befristeten Zeit, 1200 Befunde bearbeiten.

Auch die angesichts früherer Lesefunde vermuteten keltischen, germanischen und mittelalterlichen Hinterlassenschaften kamen in Form von Baubefunden und Fundmaterial in großer Fülle zum Vorschein. Schade-Lindig berichtet weiter: *„Neben der Dokumentation der Befunde und der Bergung von Fundmaterial stand auch das Flottieren der gesamten Grubenverfüllung an, um Kleinstfunde aus dem Eisenverhüttungs- und Schmiedebereich nachzuweisen. Zudem wurden Hunderte Bodenproben für die archäobotanischen Makrorestuntersuchungen geschlämmt und vorausgelesen.“*

Nicht unaufwändig war die sichere Unterbringung des täglich anfallenden Fundmaterials, das gewaschen, getrocknet, beschriftet und verpackt werden musste. Zudem scheuten die Mitarbeiter des Landesamtes keine Mühe, während des Grabungsbetriebes die Öffentlichkeit regelmäßig von ihrem Tun zu unterrichten. Veranstaltungen als Hilfe zur Berufsfindung, praktische Fortbildungen der „Jungen Archäologen“, die das Landesamt für Denkmalpflege Hessen Schülern zum Hineinschnuppern in die Archäologie anbietet, und Einblicke in das Grabungsgelände wurden angeboten. Allen diesen Angeboten folgten zahlreiche Amateure mit Freuden. H. Süß rekonstruierte beispielsweise einen Rennfeuerofen, um die Eisenverhüttung in vorgeschichtlicher Zeit zu demonstrieren. Daneben wurden die Herstellung steinzeitlicher Feuersteinwerkzeuge, der Bronzeguss in verlorener Form sowie Waffen und Werkzeug aus dem Frühmittelalter gezeigt. Das Publikum konnte sich bei den Tafel- und Fundausstellungen vortrefflich über die schon vor siebentausend Jahren besiedelte keltischen Zeit bis zum Ende des 14. Jahrhunderts unterrichten – und über die als Handwerks- und Wirtschaftstandort genutzte Lahnschleife vor den Toren des heutigen Wetzlar-Dalheim.

„Ehre sei Gott in der Höhe"

Der Schriftzug in der Dorfkirche zu Lohra-Altenvers

Im „Handbuch der Deutschen Kunstdenkmäler in Hessen" von Georg Dehio steht zur evangelischen Kirche in Altenvers (Kreis Marburg-Biedenkopf) folgendes: *„Kleiner Saalbau mit flachgedeckter, hufeisenförmiger Apsis, im Kern romanisch, 1729 restauriert, Tür und Fenster 1906 – Kanzel 17. Jahrhundert."* Dass die Kirche „im Kern romanisch" ist, war allerdings nur eine vage Einschätzung und erforderte naturgemäß mehr als die bislang vorhandenen lückenhaften Instandsetzungsdaten.

Um ausführliche Erkenntnisse zur Veränderungsgeschichte der Kirche vorlegen zu können, bedarf es jedoch aller einschlägigen Fachkräfte, sowie eines energischen Forschergeistes – wie etwa den der Hauptkonservatorin Anneliese Klappenbach, einst im Landesamt für Denkmalpflege Marburg, die in ihrem Ruhestand im Staatsarchiv Marburg differenzierte Daten ermittelte, die über Bauausgaben aller Art durch Jahrhunderte hindurch Auskunft geben. So gibt es Altenverser Kirchenkastenrechnungen (1568–1803),

Fotos: Christine Krienke

Foto: U. Höhfeld

Aktenpakete aus dem Pfarrarchiv Lohra (1620–1730), Rechnungen des Gotteskastens zu Altenvers (1731–1834) und weiterführende Akten zu Ausgaben des Kirchenkastens bezüglich der Bauunterhaltung und stilistischer Neufassungen des Innenraumes (1855–1905). Weiter wurden bauhistorische und restauratorische Untersuchungen unternommen: Die archäologischen Forschungen und die Kirchengrabungen wurden von der entsprechenden Abteilung des Landesamtes ausgeführt, wobei E. Hendler 1981 den Grabungsbericht über den Plan und die Grabungsschnitte vorlegte.

Hilfreich bei der Erforschung der Baugeschichte ist oftmals die dendrochronologische Datierung (Jahresringdatierung der Hölzer) der in die Kirche eingestellten Holzkonstruktionen aus Stützen und Rähmbalken, die die Dachkonstruktion tragen – und natürlich die Dachkonstruktion selbst. Demnach wurden die Hölzer für das tragende Innengerüst der Dorfkirche von Altenvers zwischen 1444 und 1456 gefällt. Allerdings ist es durchaus möglich, dass die Umfassungswände des Kirchenraums zu dieser Zeit bereits standen.

Nach wie vor müssen wir uns allerdings fragen: Was ist mit dem romanischen Kern? Christa Meiborg, Archäologin im Landesamt, datierte einen Grabungsbefund in das 11. bis 13. Jahrhundert. Die häufig erwähnte Hufeisenform des Apsisgrundrisses der Kirche von Altenvers ist zwar in der Region zu dieser Zeit sonst nicht eindeutig nachzuweisen, aber im deutschsprachigen Raum sind derartige Apsiden durchaus zu finden, und der Vermutung, diese Architekturform sei womöglich über Verkehrswege hierher gelangt, möchte man sich anschließen. Denn das Dorf Altenvers lag im Umfeld alter, überregional bedeutender Verkehrswege, wie der in Nord-Süd-Richtung ziehenden Weinstraße und der Querverbindung durch den Rennweg bzw. die Hohe und spätere Köln-Leipziger-Straße. Allemal bemerkenswert ist der Hinweis auf Güterbesitz des Mainzer Stephanstiftes in Vers (um 1130), die eine vorzeitige Besiedlung des Raumes belegen und eine frühe Erbauung einer Kapelle in Altenvers als durchaus denkbar erscheinen lassen. Zwar gibt es für diese Spekulation keine gesicherten Daten, doch sprechen einige kulturelle Kennzeichen und stilistische Merkmale für eine Bauzeit, die in die Romanik hineinreichen.

Foto: J. Schlag, 1979

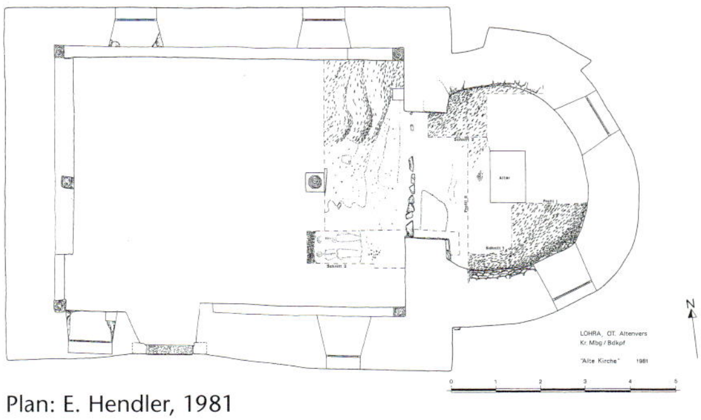

Plan: E. Hendler, 1981

Anlass für eine derartig gründliche vorbereitende Erkundung des Kirchenbauwerks war dessen höchst gefährdeter Status und der glücklich abgewendete Abriss, der zunächst eine Notsicherung und nach langen Kämpfen eine umfassende Restaurierung des Gebäudes forderte. Aber nicht nur die Baugeschichte war von Belang. Es galt, die Grundlage für eine denkmalpflegerisch angemessene, technologische und gestalterische Maßnahmenplanung zu erstellen, um zu verhindern, dass die für die Geschichte der Kirche und ihre unausbleiblichen Umformungen und Neugestaltungen wichtigen Spuren unerkannt verloren gehen oder verfälscht werden könnten. (K. Thiersch)

Da der Abbruch der Kirche 1968 schon genehmigt war und es den engagierten Bürgern und Vereinen nicht gelang, die politische Gemeinde von Lohra von der Übernahme des Baudenkmals zu überzeugen, kam die Rettung sozusagen in letzter Minute: durch einen zu diesem Zwecke 1978 gegründeten „Verein zur Geschichte und Volkskunde Lohra". Die Mitglieder des Vereins hatten täglich den bedrohlich schlechten Zustand des Denkmals vor Augen: Der Dachreiter und die Nordseite des Daches waren schadhaft, einige Fenster zerstört und der Außenputz mürbe und zum Teil abgefallen. Sichernde und bewahrende Eingriffe waren also unumgänglich. Nach der amtlichen Registrierung des Vereins konnte die Institution die Kirche übernehmen. Daraufhin begannen die Instandsetzungen im Zusammenspiel mit allen Kräften der Denkmalpflege unverzüglich: Der alte Putz wurde entfernt und auf den Neuverputz kam ein Anstrich im gebrochenen Weiß, entsprechend den angetroffenen Fassungsbefunden. Die Eckquader an den Gebäudeecken und die Einfassungen der Fenster wurden nach punktuell angetroffenen Befunden, die vermutlich aus dem 18. Jahrhundert stammen, englisch-rot abgesetzt. Der Turm und Teile des Daches wurden mit Naturschiefer neu

Malereien an den Ohren des Gestühls

eingedeckt, die Fenster neu verglast und deren Neuanstrich noch im Jahr 1979 in umbragrün ausgeführt. Nun galt es, für die Innenrenovierung die oben beschriebenen intensiven restauratorischen Voruntersuchungen vorzunehmen und mit der archäologischen Durchforschung innerhalb des Altarraumes zu beginnen. Die Instandsetzung des Gebäudes und die Renovierung seines Innenraumes hatten eine neue, vor allem profane Nutzung zum Ziel: Ausstellungen, Konzerte und Vorträge. Natürlich ist es aber zugleich wünschenswert, in der alten Kirche gelegentlich auch eine Taufe und Hochzeit zu erleben. Für diesen modernen Gebrauch des Gotteshauses wurde eine neue Glocke im Turm eingebaut und ein Orgelpositiv angeschafft. Die einfache Fensterverglasung wurde durch eine farbige Bleiverglasung ersetzt, so dass nun das Kirchlein ein echter Anziehungspunkt (auch für viele Touristen) werden konnte.

Der Einsatz des „Vereins für Geschichte und Volkskunde Lohra“ ist kaum zu überschätzen. Nicht nur, dass die Mitglieder einen außerordentlich hilfreichen Beitrag zur Rettung der Kapelle durch enorme Eigenleistungen an Arbeitsstunden geboten haben, sie haben auch für jedes Gewerk und jeden Arbeitsfortschritt die notwendigen Gelder eingeworben. Zudem gab es Zuwendungen aus Mitteln der Gemeinde, des Landkreises und der Landesdenkmalpflege sowie Beiträge des Förderkreises Alte Kirchen und des Geschichtsvereins Marburg.

Am 31. August 1995 wurde dieses famose Engagement des Vereins mit dem Hessischen Denkmalschutzpreis ausgezeichnet. Darüber hinaus haben die Vereinsmitglieder nicht nur für ihren personellen und finanziellen Einsatz Dank verdient, sondern gleichermaßen für ihre nunmehr fast 29 Jahre anhaltende Treue und Ausdauer in der Sorge um den vitalen Bestand der Kirche, die ohne den Verein wohl untergegangen wäre.

Fotos: J. Lindenthal

„Über den Holdergärten"

Der Fund eines Ortsgräberfeldes in Wölfersheim-Berstadt

Es ist wohl kaum ein archäologischer Fund mitteilsamer als eine Grabstätte – oder gar eine ganze Reihe von Gräbern. Grabbeigaben und die Art der Bestattung (etwa in gestreckter Lage oder in der Hocke) erschließen uns insbesondere in den schriftlosen Epochen oftmals die Lebenswelt der jeweiligen Bewohner: ihre Siedlungsgeschichte und ihren kulturellen Entwicklungsstand. Die dabei ergrabenen Fundmaterialien sind deshalb unter den archäologischen Quellengattungen von zentraler Bedeutung.

Stößt man beim Baggern zur Erschließung eines neuen Baugebietes auf menschliche Knochen, läuten bei Archäologen alle Alarmglocken. Bei den Arbeiten am Ortsrand von Wölfersheim-Berstadt in der Wetterau war diese produktive Unruhe auch absolut begründet, denn bereits 1845 und 1906 waren in der Gemarkung Gräberfelder entdeckt worden; unter anderem drei Gräber eines frühmittelalterlichen Friedhofs auf der südwestlichen Seite des Ortes in der Flur „Heiligenstock".

In der Flur „Über den Holdergärten" konnten die angeschnittenen Befunde anhand ihrer Beigaben als Gräber aus der Merowingerzeit identifiziert werden. Sie waren annähernd unzerstört erhalten. Da bereits eine gute Verständigung zwischen der Kommune und der Archäologischen Denkmalpflege des Wetteraukreises bestand, konnte neben der spontanen Unterrichtung der Fachbehörde in den folgenden Wochen die notwendige baubegleitende Untersuchung der Grabungsstätte organisiert werden. Die unter archäologischer Aufsicht geführten Erdarbeiten zeigten tatsächlich überraschend schnell, dass es sich bei den Funden keineswegs nur um eine kleine Grabgruppe handelte, sondern um ein ausgedehntes Reihengräberfeld, dessen Zentrum mitten im Baugebiet liegt. Jörg Lindenthal, leitender Archäologe des Wetteraukreises, berichtet enthusiastisch, dass allein in den Trassen der Baustraßen mehr als 50 Bestattungen angeschnitten wurden und weitere auf den künftigen Baugrundstücken in den Anschlussgräben für Gas und Wasser lagen.

Somit nimmt der Merowinger-Friedhof „Über den Holdergärten“ eine außergewöhnliche Stellung ein und ermöglicht, ein frühmittelalterliches Ortsgräberfeld der Wetterau gänzlich zu erschließen und zu deuten. Freilich ist man angesichts der Tatsache, dass Schriftquellen in der Wetterau erst im späten 8. Jahrhundert einsetzen, bei der Analyse und Interpretation der Grabungsfunde ausschließlich auf die archäologischen Zeugnisse angewiesen. Lindenthal beschreibt den besonderen Stellenwert der Nekropole so: *„Eine erste Durchsicht des geborgenen Materials weist auf eine Belegung im 6. und 7. Jahrhundert nach Christus. Trotz des für Reihengräberfelder typischen meist hohen Beraubungsgrades konnten zahlreiche Einzelbeobachtungen gewonnen und interessantes Fundmaterial geborgen werden.“* In den Männergräbern fanden sich eine Spatha, ein zweischneidiges Langschwert, zahlreiche Sachse, einschneidige Kurzschwerter, Lanzen- und Pfeilspitzen und Schildbuckel als Reste der Bewaffnung. Bei den Frauenbestattungen konnten besonders kostbare Beigaben geborgen werden: mehrere Almadinscheibenfibeln, Perlenschmuck und Gürtelgehänge. Die Perlenketten bestehen aus bunt gemusterten Glasperlen. Und an den für die Tracht charakteristischen Gürtelgehängen, die oft mit rechteckigen Bronzebeschlägen versehen sind, waren Gebrauchsgegenstände des täglichen Lebens befestigt. Es wurden etwa eine Schere, Kämme oder auch ein kleines Eisenmesser gefunden. Häufig wurden auch Unheil abwehrende Amulette gesichtet: Schnecken oder ein kleiner, in Bronzebändern gefasster Bergkristall. Funde, die die jeweilige Trägerin als sozial hoch stehende Person ausweisen. Bei den Funden importierter Meeresschnecken, erläutert Lindenthal, handelt es sich um die vorwiegend tropischen Cypraeen, die aus dem Mittelmeer, dem Roten Meer oder sogar aus dem Indischen Ozean stammen. Bei diesen Funden tut sich ein erstaunlicher Handelsraum auf, den sich den Menschen im Frühmittelalter offensichtlich schon erschlossen hatten.

In den Gräbern gab es zudem auch Speisebeigaben, die man vor allem an den übrig gebliebenen Tierknochen erkennen kann. Aber auch Eierschalen wurden aufgefunden.

Im vergangenen Jahr wurden in der zweiten Grabungsphase die Reihengräber vollständig aufgedeckt und der Beginn und das Ende der Belegung geklärt. Der großartige Fundplatz brachte ausgezeichnete und präzise Erkenntnisse über die historische und demographische Entwicklung der Merowingerzeit in der Wetterau hervor.

Fotos: Monika Nikolic

Kraftwerkgenerationen

Bauforschung am Industriedenkmal in Borken

Der recht junge Zweig der Industriearchäologie arbeitet im Allgemeinen auch mit der analytisch-dokumentarischen Methodik der Bauforschung. Die spezifischen Einstiegsinstrumente der historischen Bauforschung – wie Bauaufnahme und Aufmaß – bleiben bei den Technikdenkmälern indessen im Hintergrund, da Quellen, Pläne und detaillierte Ausführungszeichnungen meist zur Verfügung stehen. Forschende Untersuchungen sind bei technischen Anlagen wegen deren Größe oft auch nur punktuell möglich. Die Akzente liegen deshalb vor allem auf der Beschreibung und Bestimmung der Bau- und Umbauphasen der Industrieanlage und einzelner Anlagenteile oder auf der Erfassung konstruktiver Schwachstellen.

Bei der oft gewaltigen Aufgabe, das technische Inventar zu deklarieren, werden auszugsweise typologische Besonderheiten einzelner technischer Ausstattungsstücke oder verschiedene Entwicklungsstufen erfasst. Die Denkmalpflege spricht dabei von der detaillierten Be- und Zustandsbeschreibung eines Objektes. Genau diesen Auftrag erhielt Anfang

der neunziger Jahre Ulrich Klein, Mitarbeiter des Freien Instituts für Bauforschung und Dokumentation e.V. in Marburg. Sein Auftraggeber war die Betreiberfirma PreussenElektra, und es ging um das 1991 stillgelegte Braunkohle-Kraftwerk im hessischen Borken, das heute sowohl aus industrie- und technik-, als auch wirtschaftsgeschichtlichen Gründen ein Kulturdenkmal ist.

Die Baugeschichte und die Bauzustände des Kraftwerks von 1922 bis 1991 konnte Klein tatsächlich zuverlässig rekonstruieren, da ihm ausreichendes Planmaterial und allem voran eine üppige Menge zeitgenössischer Fotografien zur Verfügung standen. Über 600 Fotos bei der PreussenElektra und in Borken konnten mit ihrer dokumentarischen Aussage den Kraftwerksbau in vielen Bauphasen, besonders denen der Zwanziger- und Dreißigerjahre illustrieren und damit auch Lücken in der Planüberlieferung füllen.

Die Auswahl des Standortes für die gigantische Ansammlung von Kraftwerksgebäuden wie Maschinen- und Kesselhäusern, Pump- und Werkstätten, Kühltürmen und Schloten, Lokschuppen, Kohlebunkern und vieles mehr, war eine existenzielle Entscheidung, denn es ging um die unmittelbare Versorgung des Kraftwerks mit Kohle. So richtete sich das Augenmerk zielgerichtet auf das Borkener Becken. Hier wurde im Tagebau schon seit den 1860er Jahren Braunkohle abgebaut. Diese Kohlefelder wurden im Lauf der Zeit erheblich erweitert und ab 1925 begann schließlich auch der Tiefbau. Das geplante Kraftwerk hatte

Historische Fotos: Hessisches Braunkohle Bergbaumuseum, Borken

also eine hauseigene Grube namens „Altenburg". Die technische und bauliche Planung des Kraftwerks lag 1922 bei der Kraftwerksabteilung der AEG (Allgemeine Elektrizitäts-Gesellschaft, Berlin), die für die architektonische Gestaltung ihrer Kraftwerke eng mit dem Berliner Büro „Klingenberg und Issel" zusammenarbeitete. So nun auch in Borken.

Georg Klingenberg hat 1924 ein Standardwerk zur Kraftwerksplanung geschrieben (also unmittelbar nach der Fertigstellung der Borkener Bauten), in dem er sich präzise zu seiner Bauauffassung äußerte, nach der die Formgebung ganz funktionalistisch dem Zweck des Gebäudes einer „Elektrizitätsfabrik" Rechnung zu tragen habe: *„Die Schönheit von Maschinen und Industriebauten liegt in guten Proportionen und im einfachsten Ausdruck für den gegebenen Zweck."*

Das Kraftwerk wurde weithin sichtbar auf freiem Felde erbaut, so dass dem monumentalen Gebäudekomplex schon aus der Ferne eine heroische Bedeutung zukam. Die Ehrfurcht vor der modernen Großindustrie, wie auch der der Elektrotechnik, fand schon mit dem mustergültigen industriellen Bauwerk, der Turbinenhalle des Peter Behrens von 1908/09, den maßgeblichen architektonischen Ausdruck.

Klein beschreibt die Kraftwerksbauten, die ganz in der Tradition des Industriebaus der Zeit aus hart gebrannten, dunkel orangeroten Ziegeln mit abwechselnden Läufer- und Binderschichten gemauert und mit Zement ausgefugt wurden. Die teilweise sehr großen Wandflächen wurden mit vertikal betonten, pfeilerartig gereihten Wandgliederungen durchstoßen, die sich an allen Bauten wiederholen und der gesamten Anlage ein einheitliches Aussehen geben. Die Gebäude haben flache Dachabschlüsse, die einen kubischen Raumeindruck der Bauten erzielen sollen, wie es auch an dem gewaltigen Maschinen- und Kesselhaus von 1922 verwirklich ist.

Schon zur Jahrhundertwende, um 1900, war die AEG Initiatorin der spektakulärsten Industriegebäude ihrer Zeit, und diese wirkten sich auch auf ihre späteren Baumeister inspirierend aus, so dass sich eine einheitliche Linie der Architekturgestaltung für die AEG entwickelte. Mit dem Verlust historischer Industrieansiedlungen und ihrer Infrastruktur geht daher auch ein Verlust an regionaler Identität einher. Die Bedeutung des Kraftwerks in Borken, das hier über 70 Jahre für die Stromerzeugung zuständig war, ist kaum zu überschätzen. Auch der Kohleabbau war Teil des Landschaftsbildes. Nicht zuletzt wurden die fünf mächtigen Kühltürme auf polygonalem Grundriss und die weit in den Himmel ragenden Schlote die Wahrzeichen des Kraftwerkes Borken.

Im Hinblick auf die zu erwartende Schließung des Werkes verschwanden als erstes die exponierten Bauteile wie die Kühltürme, die meisten der Schlote und nach und nach auch die technischen Einrichtungen. Um diese Entwicklung bei der Stilllegung zu stoppen, wurden die historisch entscheidenden Teile der Anlage (die Bauten der 20er und 30er Jahre und das Verwaltungsgebäude aus dem Jahr 1962) und ihr technisches Inventar durch das Landesamt für Denkmalpflege Hessen unter Schutz gestellt. Von diesem Amt kam auch der Wunsch nach einer angemessenen Dokumentation, denn: *„Die Geschichte des Kraftwerks Borken dokumentiert nicht nur die schnelle technische Entwicklung durch mehrere Kraftwerksgenerationen. Sie sichert und überliefert auch wichtige Dokumente aus einer Zeit, in der das einstige Land Preußen seine energiepolitischen Ziele formulierte und festschrieb."*

Das Hessische Braunkohle Bergbaumuseum in Borken ist Träger des Museumspreises 2006 der Sparkassen-Kulturstiftung Hessen-Thüringen.

Nachgedanken

Joseph von Eichendorf fand in seinem Gedicht „Wünschelrute“ von 1835 eine neue Metapher für die Leistung der Dichtung. Das Wort von der zauberkräftigen Wünschelrute lässt sich in besonderer Weise auch auf das Tun der Archäologen und Bauforscher beziehen. Deren Ziel ist es ja, den Geist der Geschichte als Erscheinung zu fassen, der in den Dingen materialisiert ist. Ihr Handeln ist also an die Seele der Zivilisation gerichtet.

Die Arbeit der Denkmalschützer ist deshalb so wichtig, weil man Geschichte nicht einfach „machen“ kann. Vielleicht wird aus diesem Grund kein architektonisches Thema seit Jahren sowohl in der breiten Öffentlichkeit als auch in Fachkreisen so kontrovers diskutiert wie die Frage nach dem Sinn und Zweck von Rekonstruktionen. Die „Retroarchitektur“ wird dabei zur Anwältin eines gesellschaftlichen Bedürfnisses, das sich aus der Sehnsucht nach Kontinuität und Vertrautheit in der technisierten Welt speist. Möglicherweise ist es aber auch die „Verlustkompensation“, die sich gegen das Rekonstruktionstabu in der Ideologie der Moderne wehrt?

Spätestens seit dem großen öffentlichen Eindruck, den die rekonstruierte Frauenkirche in Dresden erzeugte, seit dem politischen Beschluss, das Berliner und das Potsdamer Schloss wieder aufbauen zu wollen, seit dem beschlossenen Wiederaufbau des zerstörten Thurn- und Taxisschen Palais' in Frankfurt am Main, das hier eingezwängt zwischen mehr oder weniger schrillen dekonstruktivistischen Hochbauten ruht, und seit der kommerziellen Vermarktung der Fassadenkonstruktion des Braunschweiger Schlosses wird es immer schwieriger, sich zu diesem Thema sachlich und ohne polemische Implikation zu äußern. Vergangenheit ist aber nun mal kein Zuckerguss, den man nach Belieben in retroarchitektonischer Form über die Postmoderne schütten könnte.

Der „Bund Deutscher Architekten“ appelliert deshalb: *„Die Rekonstruktion zerstörter Gebäude kann nur unter Verwendung von wissenschaftlich ausgewerteten Wort-, Bild- und Sachquellen erfolgen. Dieses Material ist essentielle Voraussetzung, um eine handwerkliche Rekonstruktion zu ermöglichen. Selbst in diesem Idealfall kann nicht davon ausgegangen werden, etwas Verlorenes wiederzubekommen. Die Authentizität des Originals kann nicht erreicht werden. In allen anderen Fällen handelt es sich um neu errichtete Bauwerke, die nur ‚im Geiste' mit dem historischen Vorbild kommunizieren.“* Und der Soziologe Walter Prigge vom Bauhaus Dessau bemerkt irritiert: *„Im 21. Jahrhundert ganze Straßenzüge einer längst vergangenen Epoche wieder aufleben lassen zu wollen, das hat etwas von einem Kostümverleih.“*

Denkmalpfleger geben bei solchen Gesprächen meist den ungeliebten Kritiker, ihre Werturteile sind zumeinst eine geduldete Begleitmusik. Sie werden immer dann gern gehört, wenn sie nachbeten und werben. Ihre Einwände richten aber zumeist wenig aus, wenn kapitalgestützte Architekten und global vernetzte, weltweit operierende Investorenkonsortien im großen Maßstab Rekonstruktionen errichten. Der Kritiker zieht heute mit Pfeil und Bogen gegen Panzer ins Feld. Er ist ein Don Quichotte, der dort für Werte und Ideale streitet, wo es um gesellschaftliche und politische Macht, um Mehrwert und Rendite geht.

Die Zufriedenheit mit der immer weiter verbreiteten Surrogatarchitektur ist deshalb so befremdlich, weil gleichzeitig eine Menge autochthoner und überaus qualitätvoller Baukunst schamlos abgerissen wird. Dies geschieht im Osten wie im Westen, allerdings ist die Baukultur der christlichen Kirchen vom frühen Mittelalter bis weit in das 20. Jahrhundert hinein in den Neuen Bundesländern ganz besonders gefährdet.

Von der postmodernen Karriere der Rekonstruktionen wenden wir uns gern zurück zu den spektakulären Erfolgen und Erkenntnissen der Archäologen und der historischen Bauforschung, die ausschließlich das Echte, das Authentische, ja, das Originale unseres reichen, ehrwürdigen kulturellen Erbes zeigen. Insofern ist Denkmalpflege auch eine Frage der Loyalität. Welcher Sache fühlt man sich verpflichtet? Zum Glück gilt: Die Denkmalkultur verleiht den Fundorten und den ergrabenen Objekten wie den Bauwerken mit ihrer historischen Ausstattung absolute Integrität. Und das ist vielleicht der größte Zauber von allen.

Literaturnachweis

Amedick, Rita: Juwelen für eine Heilige der Armen – Gemmen vom Schrein der hl. Elisabeth in Marburg, hrsg. von Elisabethkirchengemeinde Marburg u. Archäologisches Seminar der Philipps-Universität Marburg, Marburg 2007

Amrhein, Carsten: Verspielte Antike – Puppen und Kinderspielzeug bei Griechen und Römern. In: hessenArchäologie 2006; S.159-162

Becker, Horst u. Humborg, Christiane: Schlosspark Wilhelmshöhe Kassel, Edition der Verwaltung der Staatlichen Schlösser und Gärten, Broschüre 14, Regensburg 2002

Bentmann, Reinhard u.a.: Hessische Baukunst in alten Fotografien – Dokumentaraufnahmen der Preußischen Messbildanstalt zu Berlin von Albrecht Meydenbauer, Landesamt für Denkmalpflege Hessen (Hrsg.), Wiesbaden 2006

Bentmann, Reinhard: Das „Gotische Haus" Römer 2.4.6 in Limburg. Ältestes Fachwerkhaus Deutschlands? In: Denkmalpflege in Hessen 1/1990, S.15-27

Bentmann, Reinhard: Mustersanierung einer Kaufhalle der Hochgotik. In: 25 Jahre Denkmalpflege in Hessen; LfDH (Hrsg.), Wiesbaden 1999, S.62-63

Beyer, Andreas u. Schütte, Ulrich (Hrsg. u. übers. aus d. Ital.): Andrea Palladio: Die vier Bücher zur Architektur; Zürich und München 1984

Bonin, Sonja : Denkmaltopographie der Bundesrepublik Deutschland. Kulturdenkmäler in Hessen – Stadt Offenbach, LfDH (Hrsg.), Wiesbaden 2007

Deiss, Bruno: Zwischen Himmel und Erde – Das Keltische Kalenderbauwerk am Glauberg. LfDH (Hrsg.), Wiesbaden 2007

Elias,Norbert: Über den Prozess der Zivilisation – Suhrkamp Taschenbuch Wissenschaft 158 – 2 Bde., 3. Auflage, Frankfurt a.M. 1977

Fensterbusch, Curt (übers. u. mit Anm. vers.): Vitruv – Zehn Bücher über Architektur, Darmstadt 1964

Fuchß, Verena: Denkmaltopographie – Kulturdenkmäler in Hessen – Stadt Limburg. LfDH (Hrsg.), Wiesbaden 2007

Göldner, Holger u. Weyrauch, Wilhelm: Felsenberg im Odenwald – Archäologische Denkmäler in Hessen, Nr. 80. LfDH (Hrsg.), Wiesbaden 1989

Hampel, Andrea: Der Kaiserdom zu Frankfurt am Main – Ausgrabungen 1991-1993, (Beiträge zum Denkmalschutz in Frankfurt am Main Bd. 8), Frankfurt a.M. 1994

Haroska, Ulrich: Die Restaurierungsarbeiten an der Klosterkirche Haina. In: Denkmalpflege & Kulturgeschichte 2-2004; S.2-8

Herrmann Fritz-Rudolf: Haben sie das verdient? Die Präsentation archäologischer Kulturdenkmäler – am Beispiel Menhire. In: Denkmalpflege in Hessen 2/1990; S.42-47

Herrmann Fritz-Rudolf: Zur Geschichte der Archäologischen Denkmalpflege in Hessen. In: Denkmalpflege in Hessen 1-1989

Ille Philipp: Zeitspuren – Luftbildarchäologie in Hessen. LfDH u. HMWK), Wiesbaden 1993

Jacobi, Verena u. Klaus Sippel: Wieder sichtbar geworden – Die ehemalige Klosterkirche Helmarshausen im Landkreis Kassel. In Denkmalpflege & Kulturgeschichte 4/2007, S 25-27

Keller Thomas: Wanderer über Urkontinente: Die altertümlichen Vierfüßler von Korbach. In: Denkmalpflege in Hessen 2/1994; S.6-11

Keller, Thomas u. Heggemann, Heiner: Die Korbacher Spalte. Paläontologische Denkmäler in Hessen 15, Wiesbaden 2003

Keller,Thomas: Ein Pompeji der Paläontologie. In: 25 Jahre Denkmalpflege in Hessen, LfDH (Hrsg.), Wiesbaden 1999; S.24-25

Keller,Thomas: Fossilien aus der Grube Messel – Ausgrabungen und Funde in einer UNESCO-Welterbe-Stätte im Kreis Darmstadt-Dieburg; Paläontologische Denkmäler in Hessen 12; LfDH (Hrsg.), Wiesbaden 2001

Kiesow, Gottfried: Romanik in Hessen, Stuttgart 1984

Klein Ulrich: Das Kraftwerk Borken-Hessen – Baugeschichte 1922-1991, Hrsg, Preußen Elektra; Hannover 1994

Kollmann, Karl: Ausgrabungen in der Wasserburg – Aue im Jahr 2004 (Brandschutt aus dem 30-jährigen Krieg), In: hessenArchäologie 2004; S.158-160

Korsmeier, Jutta: Wasserkünste im Schlosspark Wilhelmshöhe: Die Gestaltung des Wassers im Wandel der Gartenkunst des 18. Jhdts. Edition der Verwaltung der Staatlichen Schlösser und Gärten, Broschüre 6, Regensburg 2000

Kreuz, Angela: Archäobotanik: Forschungen der hessischen Landesarchäologie. Zu Umwelt, Landwirtschaft u. Ernährung der Vorzeit, Themen der hessenARCHÄOLOGIE, LfDH (Hrsg.), Wiesbaden 2005

Lindenthal, Jörg: Überraschender Fund eines Gräberfelds der Merowingerzeit. In HessenArchäologie 2006; S.93-95

Ludwig Thomas, Otto Müller und Irmgard Widdra-Spies: Die Einhards-Basilika in Steinbach bei Michelstadt im Odenwald, 2 Bde., LfDH (Hrsg.), Mainz 1996

Ludwig Thomas: Ein Dachwerk des 13. Jhdts. In: Denkmalpflege in Hessen 2/1990; S.16-21

Ludwig Thomas: Einhards-Basilika – Michelstadt-Steinbach. Edition der Verwaltung der Staatlichen Schlösser und Gärten Hessen – Broschüre 18, Bad Homburg v.d.H. 2003

Maiborg Christa: Suche nach dem „Gisonenfelsen". In: 25 Jahre Denkmalpflege in Hessen, Hrsg. (LfDH u. HMWK), Wiesbaden 1999; S.40-41

Masberg, Peter: Die Steine vom Elisabethschrein. In: Juwelen für eine Heilige der Armen. Hrsg. v. Elisabethgemeinde Marburg u. Archäologisches Seminar der Philipps-Universität Marburg, Marburg 2007; S.47-76

Meiborg, Christa: Das Kanonissenstift in Wetter, Kr. Marburg – Biedenkopf. Die Ausgrabungen im ehem. Stiftsgelände auf dem Klosterberg. In: Fundberichte aus Hessen 39/40. Jg. 1999-2000, (Hrsg. LfDH) 2005; S.71-247

Neumann, Michael: Rettung eines niederdeutschen Hallenhauses „Pickards Hammer" in Orpethal. In 25 Jahre Denkmalpflege in Hessen, (Hrsg. LfDH) Wiesbaden 1999; S.76-77

Reiter, Ruppert: Denkmal von nationaler Bedeutung – Die ev. Marienkirche in Gelnhausen. In: 25 Jahre Denkmalpflege in Hessen, (Hrsg. LfDH) Wiesbaden 1999; S.56-57

Rödel, Volker: Industrie in Frankfurt am Main, Beiträge zum Denkmalschutz in Frankfurt a. M. Heft 4, Frankfurt a.M. 1989

Schade-Lindig, Sabine: Ausbau der Bundesstraße 49 – Drei Kilometer Vor- und Frühgeschichte vor den Toren Wetzlars. In: Denkmalpflege & Kulturgeschichte 3/2007, S. 9-15

Schade-Lindig, Sabine: Ausgrabungen entlang der Bundesstraße B 49. Ein lineares Projekt des Landesamtes für Denkmalpflege Hessen; hessenArchäologie 2006, S.141-143

Schirmbeck, Peter u.a.: Route der Industriekultur Rhein-Main. Ein Erfolgsprojekt regionaler Kooperation; Frankfurt 2006

Seitz, Gabriele: Römische Viergöttersteine im Rhein-Main-Gebiet. Archäologische Denkmäler in Hessen Nr.111; (Hrsg. LfDH) Wiesbaden 1993

Sennett, Richard: Handwerk, Berlin 2008

Siemer, Meinolf: Der Park – Ein Gartendenkmal des 18.und 19. Jahrhunderts am Schloss Fasanerie. Hess. Hausstiftung Museum Schloss Fasanerie, Eichenzell 1994

Sippel, Klaus: Die sichtbar gewordene Klosterkirche und ein neuer archäologischer Pfad in Helmarshausen. In: hessenArchäologie 2006; S.153-156

Sippel, Klaus: Hessen-Forst: Archäologie im Wald – Erkennen und Schützen von Bodendenkmälern, Kassel 2005

Thiersch, Katharina: Materialien zur Geschichte der alten Kirche von Lohra-Altenvers und ihrer Erhaltung. In: Denkmalpflege & Kulturgeschichte 2-2007, S.16-24

Wenz-Haubfleisch, Angelika: Das Kanonissenstift und seine Rolle in der Stadt Wetter von seinen Anfängen bis zu seiner Umwandlung 1532. In: Fundberichte aus Hessen, 39/40 Jg. 1999/2000, (Hrsg. LfDH) Wiesbaden 2005; S.249-257

LfDH: Landesamt für Denkmalpflege Hessen
HMWK: Hessisches Ministerium für Wissenschaft und Kunst

Die Autorin

Dr. Monika Vogt

Studium der Mittleren und Neueren Geschichte, Kunstgeschichte, Kulturanthropologie und Europäischen Ethnologie sowie der Klassischen Archäologie an der Johann Wolfgang Goethe-Universität in Frankfurt am Main.
Seit 1991 wissenschaftliche Mitarbeiterin am Landesamt für Denkmalpflege Hessen.

Wir danken Christine Krienke,
Meisterfotografin am Landesamt für Denkmalpflege Hessen.